闇に虹をかけた生涯
山本覚馬伝

吉村 康

本の泉社

はじめに

明治の初期、盲目で脊髄損傷という二重の障害を負いながら、禁門の変後の大火「ドンドン焼け」と朝廷の東遷によって寂れ果てた古都京都を復興させる諸施策の先導者となり、古都の近代化に大きな足跡を残した山本覚馬が亡くなってから、百二十年余の歳月が流れた。

同志社を創立した新島襄の名前は、たいていの人が知っている。だが、その陰でほぼ等量の役割を果たした山本覚馬という会津若松出身の結社人がいたことを知る人は、京都でも、NHKの大河ドラマ「八重の桜」が始まるまでは、きわめて稀だった。

一世紀以上の時間が過ぎ、彼の生きていた時代の面影は私たちの前からすっかり姿を消してしまった感があるが、幾星霜を経てなお彼の遺した精神は、古都京都のあちこちに確かに生きているように思われる。

歴史小説『心眼の人 山本覚馬』を上梓してから三十年近く、当時は分からないところが多かった覚馬自身のことや覚馬一家に関する新しい史料が、この間に、とくに近年は「八重の桜」の影響もあって、地元会津若松や米沢などで相次いで見つかった。

本稿では、こうした史料によってこれまで空白だった部分を埋めつつ、闇のような明治の世に色あざやかな虹をかけようと先駆的に生きた山本覚馬の生涯を辿ってみたい。

目次

闇に虹をかけた生涯　山本覚馬伝

聡明な母のもとで

砲術指南の長男として育つ

山本覚馬は、文政十一（一八二八）年一月十一日（太陽暦では二月二十五日）に、父権八、母佐久の三男三女の長男として、会津藩鶴ケ城内土居の内屋敷〈米代《よねだい》四之丁〉に生まれた。覚馬のすぐ下に、後に窪田家に嫁ぐ長女（名はうら）がいて、次男次女は夭折、十七歳下の三女が男勝りの「八重の桜」の主人公八重で、三男が鳥羽伏見の戦いで傷を負って亡くなる三郎である。長女は、佐久が永眠した際に朗読された「略歴」によって、「窪田氏ニ嫁シ」（河野仁昭『蘆花の青春その京都時代』）たことが分かるのみで、くわしいことは分からない。徳冨蘆花のモデル小説『黒い眼と茶色の目』には、「黒田くら」の名で登場

山本覚馬・八重の生誕の地碑
（福島県会津若松市）

する。

山本家は、もともと茶道で会津藩に仕えていたが、祖父左兵衛の代から高島流西洋砲術の銃砲術指南役をつとめるようになった。

父は同じ町内の百五十石取りの藩士永岡繁之助《しげのすけ》で、左兵衛の一人娘佐久の婿養子に入った、というのが通説であるが、あさくらゆうの調査によると、繁之助は文化六（一八〇九）年八月二十三日に永岡久武（学校奉行副役、公事奉行、武具奉行を勤める）の四男に生まれ、学業優秀で、文政六（一八二三）年九月に山本家の養子になり、左兵衛が養女にした、やはり百五十石取りの土子清右衛門（御城御番役）の娘で文化八（一八一一）年生まれの佐久と結婚したのだという。（あさくらゆう『川崎尚之助と八重』）

山本家の家格は、上士四階級のうち花色紐席といって四番目に格付けされていたが、わずか十二石三人扶持の微禄だったので、野菜を作り、機を織り、持ち山で薪を取るという貧しい暮らしを余儀なくされた。

幼少のころは義衛と称し、後に覚馬と改めている。諱《いみな》を良晴、号を相応斎といった。

覚馬が生まれた文政十一年という年は、十二月にシーボルト事件が起きていて、外国との関係が政治課題になり始めるきわめて歴史的な年であった。

四歳で唐詩選の五言絶句を暗唱したと伝えられる覚馬は、上士の子弟として、十歳になると藩校日新館に入学し、「ならぬことはならぬものです」という会津の精神を学び、文武の講習を受けた。

母佐久の逸話

母佐久は後年、老いてからも同志社女学校の舎監を勤めた一事でも分かるように、聡明で進取の気性に富み、合理的な考え方ができる女性だった。

原典である『改訂増補山本覚馬伝』（住谷悦治校閲・青山霞村原著・田村敬男編集。以下『山本覚馬伝』という）には、次のようなエピソードが残されているので、紹介しておきたい。覚馬や男勝りの妹八重の生涯を貫く、斬新でまわりのことに捕らわれない合理性、先見性は、母佐久の躾け、訓育によるところが大きいのではないかと思われるからである。

かつて先生（覚馬）が終日山野を歩きまわって帰って来た時、母堂（佐久）は炊きたての飯を小さい櫃に盛ってさし出した。櫃があまり小さいので、先生は腹立たしげにこれだけしかないのかと詰問された。ところが母堂はおちついて足らないと思うならまだここにもあるからと、大きな櫃を開けると湯気がもうもうとたちあがってきた。先生は気持ちをとり直して飯を食べたが小さい櫃だけのが食いつくせずに、箸を投げ出した。

母堂は遠慮しないで、もう少しどうかと大きな櫃を出すと中には飯がなくて、ただ熱湯があるばかりだった。母堂は先生を呼びよせ、懇々と訓《おし》えられたことには、お前たちは足るということを知らねばならない。自分らは常にお前たちが飽くだけのものは用意してあるがいくらお前がひもじく思ったとしても、これより余計にいらないことはよく知っている。けれども不満に思わせるのはよくないと思ったからこうしたが、これからは気をつけて足るということを知らなくてはならないと。これは一例に過ぎないが、先生は晩年になるまで、自分は母の聡明には及ばないと語っていた。

このようにして母堂の教育法は頭から抑えてかからないでその意志をよく導くことに務めていたものである。常に戒めていわれるには、決して自分からは仕かけるな、けれども先方から争いを挑まれた場合にはあくまで対抗して、ただ自らを守るだけでなく、進んで勝利を得なくてはならないと。先生の後年の行状や閲歴を考えると、この母の訓戒に負うところが大きいように思われる。

佐久の先見性と勇気を窺わせる事例としては、また、八重と三郎に種痘を接種させたときの逸話が残っている。

当時若松にはじめて種痘が行われた。しかし一般の世人は頑固で、種痘は効はない、もし種痘をして本疱瘡にかゝると必ず死ぬといって受けつけない。こういう時代に母上（佐久）は近所の人をよく説諭し、まづ自分の子に種痘をして範を示した。（略）これは当時において先見といってよい。（相田泰三「山本覚馬」『維新前後の会津の人々』）

八重たちが種痘を受けてほどなく越後地方で疱瘡が流行し、会津領内にも蔓延した。多くの死者や失明する者、痘痕《あばた》に苦しむ者が出たが、佐久の説諭を信じて接種を受けた者はすべて難を逃れたという。むろん、八重も三郎も無事だった。

覚馬の逸話

『山本覚馬伝』には、覚馬のエピソードもいくつか記録されている。

日新館絵図（福島県立博物館蔵）

先生（覚馬）の家は生計の助けとして野菜畑を作っていたが、ある朝だれかが夜の間にその野菜を盗んだことが分かった。おそらく子供のいたずらだろうといわれたのに、先生は、「いや大人の所作に違いない。ご覧、この足跡は子供のではない」といわれた。これは先生の七、八歳の時のことである。

同じく幼少のころ、近所の子供との喧嘩で、祖母が心配するほど生創が絶えなかった。自分の刀が短いので、祖父に大小を貸してほしいとせがんだので、祖父は鞘のままならよいが、決して抜くなよといって貸し与えた。先生は喜色満面、意気揚々としているのでそれを見た近所の子どもたちが憎み、風が吹いたとわざとつき当って喧嘩を挑んだので、げんこつが飛び口角が裂けるといった乱闘となり、先生は刀の鞘のまま相手を打ちのめして家へ帰り、台所で、髪を結い直してくれ、おれが悪くはなかったのだと叫ばれた。そこへ乱闘をみていたものが来て、相手がまちがっていることを先生のために弁解した。

日新館教授の図　砲術（福島県立博物館蔵）

また九歳の時、先生は独りで馬を洗うといいはったので、家の人は許しはしたが、やはり案じてひそかに後をつけると、先生はやがて馬を河の中に乗り入れた。下りる時どうするかと見ていると、少し小高い土手のところまで手綱をとって行き、そこで下りて十分に馬を洗い、また土手のところへひいて来て馬に乗り、意気揚々として帰って来た。先生の鋭い判断力と、そして周到な用意とはすでにその頃からその一端をあらわしていたのである。

覚馬が毎日通った藩校日新館は、家から二丁、西出丸とお堀を挟んで向かい合った位置にあった。東西およそ百二十間、南北およそ六十間という広大な敷地に文武両道の二十八科目、大学まであり、いくつもの学舎や武芸稽古場、水練場、天文台までが並んでいた。会津藩の上士の子弟千八百名が学ぶ、全国屈指の教場であった。

毎日、藩校に通ってはいても、覚馬は「文事にふけることをきらい、読書家が何になるかと藩学にいても、書物をよみ文学を学ぼうとはしなかった」（『山本覚馬伝』）が、後になって、砲術指南の家柄を継ぐ者であるにもかかわらず、藩が採用している長沼流兵学の『兵要録』の講義がまったく理解できなかったことから、ようやく勉学にいそしむようになった。

むろん覚馬の自宅では、砲術指南の家の長男として、日新館で学んだうえにさらに厳しい訓練や勉学が待ち受けていたことであろう。

江戸遊学

黒船来航の二カ月後に

美濃の高須藩から会津藩に迎えられた松平容保《かたもり》が初めて会津入りした嘉永四（一八五一）年、覚馬は弓馬、槍刀、砲術、柔術、水練等すべての面において師伝を得るほどの腕前に達し、藩主から賞を受けた。

この頃の覚馬は、いわゆる武人であった。「頭には総髪の大束髪を結い、月代《さかやき》は剃らず、ツンツルテンの袴をはき、木綿のブッサキ羽織を着て、腰には大刀造りの大剣を帯び、鉄扇を手にして街を闊歩していたようすは、威風堂々として人を圧する趣があったと伝えられている」（『山本覚馬伝』）が、先輩で、生涯の友人となる南摩綱紀が昌平黌に入るため江戸へ旅立ったことに刺激を受けた覚馬は、江戸遊学を願い出た。

南摩綱紀は、維新後、覚馬が京都府顧問となって全国初の中学校を創立する際に力になるとともに、この京都時代に散逸していた会津藩の藩政史料をほとんど独力で収集し、

南摩綱紀肖像

のちに東京帝国大学などの教授になった人物である。
山川浩が編纂した『京都守護職始末』や北原雅長（神保修理の弟）の『七年史』など、孝明天皇と松平容保との強い絆や会津藩の思いを伝える書物の上梓は、南摩綱紀の業績を抜きにしては語れないであろう。

嘉永六（一八五三）年六月三日、米提督ペリーの率いる黒船四隻が浦賀に来航した。国内の政情は不安定に揺れ始め、幕府も諸藩も国防という重大事により深くかかわらざるを得ないようになった。

その直後、覚馬にも遊学の機会がおとずれる。

この年の春、二十五歳になった覚馬は、黒船が来航した二カ月後に、日新館の恩師でもある大砲奉行の林権助に随行して、江戸へ遊学することになった。五十歳近い林権助は、豪快で傑出した人物として知られていたが、洋式砲術を学ばせるため、覚馬の能力や人柄を見込んで江戸へ同道することを決めたのである。

砲術を学ぶためには、蘭学の知識が必要であった。

江戸に到着した覚馬は、南摩綱紀の意見を求め、綱紀が学んでいる大木忠益塾に入った。江戸藩邸（上屋敷）にも蘭学講習所があり、神田孝平が教えていた。蘭学は初歩の覚馬は、神田の講座で学ぶとともに、大木塾へも入塾したのである。

西洋砲術・三人の師

佐久間象山

覚馬は大木塾で蘭学を学ぶとともに、江川坦庵、佐久間象山、勝海舟を訪ねて、世界の動きや洋式砲術の研究を深めた。

当時江戸には、江川坦庵（英龍、通称太郎左衛門）、下曽根金三郎、佐久間象山、勝海舟の四人が西洋砲術の塾を開いていた。江川と下曽根は高島秋帆の高弟で、象山はこの二人から学んでいる。海舟は象山の門弟である。

覚馬は、江川坦庵、佐久間象山、勝海舟三人の門を叩いた。

佐久間象山が深川の松代藩邸に〈砲術教授〉（のち木挽町の五月塾で砲術・洋学教授）の看板を掲げて開塾すると、勝海舟をはじめ、吉田松陰、小林虎三郎、橋本左内、河井継之助、武田斐《あや》三郎などの俊秀が入門した。嘉永三年の象山塾の〈及門録〉には、勝海舟らと並んで山本覚馬の名が記されているということなので、そうだとすると、会津藩の史料では確認できないが、象山塾への入門は二度目ということになる。

覚馬は、蘭学を学ぶには晩学だったので、訳書や諸家の口授直伝で学ぶことが多く、主に高野長英の訳した『三兵答古知機』（タクチーキ、歩兵・騎兵・砲兵の洋式戦術書）を読んだといわれている。

会津藩は、幕府から房総警備と第二御台場造りを命じられていたが、総指揮を執っていたのが江川坦庵だったこともあり、覚馬は浜御殿わきの約八千坪の大小砲習練場で小銃や大砲の実弾射撃の指導を受けるとともに、銃砲を製造する手ほどきも受けた。覚馬の「実技はいたってすぐれていて、操練はもちろん、銃砲の射撃はすばらしく、ゲベール銃で三百ヤードの距離から百中八十五まで的中した。そして自ら着発銃を発明した」（『山本覚馬伝』）という。坦庵の語る最新の兵学と反射炉から作り出された大砲の威力は、覚馬を感動させるに十分であった。

勝海舟は赤坂田町で蘭学・兵学の塾を開いていたが、飾らない語り口で人気があった。江戸に着いたとき、黒船はすでに立ち去っていたので、覚馬が初めて黒船を見たのは、軍艦七隻を率いたペリーが、幕府の回答を求めてふたたび江戸湾に姿を現した安政元（一八五四）年一月以降のことである。その偉容に、覚馬は心底驚かされた。

維新ののち、覚馬は多方面にわたって大きな仕事を成し遂げていくが、その土台は後に見るように、江戸へ遊学した三年間に交わった恩師たちと、恩師に連なる人脈に拠るところがきわめて大きいと思われる。

川崎正之助との出会い

大木忠益（坪井信道の娘婿）は、米沢藩の御抱医師で、後の薩摩藩の御抱医師坪井為春（芳州）である。この大木塾は、芝浜松町にあり、出石《いづし》藩の加藤弘之や、戊辰戦争で新政府軍と戦う大鳥圭介などが学んでいて、安政四（一八五七）年には、やがて会津へやってくる出石藩の医師の子弟川崎正之助（のちに会津藩士となる際に尚之助と改名する）が入塾してくる。

興味を引いたのは、自己紹介のときであった。覚馬が名乗ると、

「いや、奇遇です、山本様。すぐ上の兄の名前も、同じ覚馬なのです。これからは、弟と思ってやってやってください」
そういって、正之助は深々と頭を下げた。いかにもさわやかな青年といった感じだった。正之助は覚馬より八歳年少だったが、蘭書と医術の杉田成卿（玄白の孫）や漢学と西洋砲術の大槻磐渓（玄沢の次男）に師事したのちに大木塾へやってきたらしく、舎密《せいみ》術にも堪能で、将来が嘱望される有能な青年であった。（『川崎尚之助と八重』）
折角親交を深めた恩師たちだったが、三年のあいだに、江川坦庵は死去、佐久間象山は吉田松陰の黒船への密航事件に連座して国許の松代に蟄居し、勝海舟もまた海軍伝習を命じられて長崎へ去ってしまった。

帰郷

日新館教授に就任

安政三（一八五六）年、傷心を抱いて会津若松に帰郷した覚馬は、南摩綱紀とともに藩校日新館の教授人に就任した。

覚馬の働きかけが実って、日新館の中に蘭学所が作られるのは、しばらく経ってからで、二人は蘭学所（所長野村監物）の教授人にも就任し、覚馬が西洋事情と兵学一般、南摩綱紀が蘭学を教えた。

八歳年少で二十一歳の川崎正之助が会津へやって来るのは、その翌年のことである。正之助の非凡な才能を高く評価していた覚馬が、いずれ仕官が叶うであろうと書き送って招聘したのである。この頃、江戸では、日米和親条約の勅許をめぐる反対派の動きを封じ込めるため大老井伊直弼配下の手で安政の大獄が始まっていて、多くの有能な人材が江戸を後に帰藩していた。正之助が会津藩へやって来たのは、江戸の政治状況と無縁ではないように思えるが、くわしいことは分からない。

会津若松へやって来た正之助は、覚馬宅に同居し、日新館蘭学所の仮教授人として働き始めた。同じころ、緒方洪庵の適塾出身の医師古川春英も、蘭学所の教授陣に加わった。「蘭学と医学を修めた古川は蘭学を担当し、川崎は舎密術を教授した。さらに洋書によって理論を講義しながら、銃砲や弾丸の製造なども指導した。蘭学所はこの二人を教授人に迎えたことによって、飛躍的に充実した」（鈴木由紀子『闇はわれを阻まず』）という。

こののち、蘭学所から洋式砲術部門が独立したのを機に、正之助は洋式砲術部門に移った。古川春英は適塾に再入学し、長崎のオランダ人医師ボードインのもとで幕府医松本良順らと西洋医学を学び、数年後、覚馬の目の治療に立ち会ったのち、籠城戦に入った会津藩の負傷者を救援するため、松本とともに会津若松城に戻ってくる。

覚馬は、川崎正之助の藩士への登用と教授人への就任を、くりかえし学校奉行らに働きかけたが、教授人への就任を認めてもらうのがやっとで、藩士への登用は容易には実現できなかった。

樋口うらと結婚

覚馬が、禄高百石の樋口家から上の妹と同名のうら（天保八年生まれ）を妻に迎えたのは、その頃のことである。ほどなく、覚馬は軍事取締役大砲頭取に抜擢され、十五人扶持を加増されて祐筆の上席（上士でも二番目の黒紐席）に座ることになった。

うらの出自を証する史料は何もない。後年、京都南禅寺の天授庵墓地に葬られた次女みねの墓碑の裏に、「横井時雄室峰子　父山本覚馬　母樋口氏」（『蘆花の青春その京都時代』）と刻まれていることから、樋口家から嫁いできたことが分かるのみである。

時代は大きく動いていたが、藩士たちの意識は依然として古いままで、武備を刀槍中心から銃砲中心に、火縄銃から西洋銃に変えるべきだと守旧派を批判した覚馬は、つい口が過ぎて、一年間の禁足（外出禁止）に処せられてしまう。

大獄の指揮を取っていた大老の井伊直弼が雪の桜田門外で水戸藩士らに襲われて落命すると、時代はさらに大きく動き始めた。安政の大獄の嵐が吹き荒れていた頃に生まれた長女は薄命で、万延元（一八六〇）年十月十二日に夭折した。

ようやくこの頃には、覚馬の意見が重視されるようになり、日新館には射的場もでき、士分以上の者には洋式銃の練習が命じられた。覚馬は師範役として射的を教えたが、兵制の洋式化を喜ばない者は、むろんいた。覚馬は静かに諭した。

「君らは剣や槍の鋭さを知っているが、まだ鉄砲の利点を知らないのだ。私は両方を比較研究して、その上で西洋の兵術が勝れていることを悟ったのだ。疑う者は剣なり槍なりをとって立ち会ってみよ」

これには誰も返す言葉がなく引き下がったという。（『山本覚馬伝』）

やがて、会津藩にとって、藩の運命を左右する重大事が訪れてくる。

上　洛

京を死場所と心得てともに参ろう

藩主松平容保に、京都守護職を受けるようにとの幕府からの強い要請が来たのは、文久二年（一八六二）夏のことだ。

江戸藩邸で病の床に伏していた容保は、考えに考え悩みに悩んだ末、重臣を代わりに登城させて、老中《ろうじゅう》に就任固辞の意思を伝えた。

「いやしくも台命とあらばお受けするのが藩祖からの家訓《かきん》でありますが、容保は才うすく、この空前の大任に当たる自信がありません。そのうえわが城邑は東北に僻在しているため家臣は都の風習に暗く、たとえ非才を忘れて大任に当たるとしても、万が一過失があった場合、一身一家の過ちでは済まず、累を宗家に及ぼさぬともかぎりませぬ。宗家に累を及ぼすことは、国家に累を及ぼすと同じで、万死もこれを償いがたいと思いますゆえ、どうかこの拙い意をお汲みいただき、お許しを願いあげます」

しかし、説得にあたった政事総裁職、越前藩主松平春獄の就任要請は執拗だった。

「会津中将殿は、一身の安全を計り難局を逃げようとしているという世評もあると聞くが、藩祖保科正之公は、あの世でさぞかし切歯扼腕しておられるであろうな」

といい出す始末で、そうまでいわれては、誠実なだけにいつまでも就任を固辞しているわけにはいかず、容保はあえて、薪を負って火を救おうという気になった。

やがて、藩主容保の翻意が会津若松にも伝わってきた。城下は蜂の巣をつついたような大騒ぎになり、ほどなく、国家老の西郷頼母と田中土佐が早馬で江戸へ発っていった。藩祖正之の時から重臣として仕えてきた千六百石の家柄で、会津の大石内蔵助と評される西郷頼母と、豪胆な二千石取りの田中土佐が、自ら馬で馳せ参じたのだからよほどの重大事であった。

二人は、藩主容保、江戸家老の横山主税以下の重臣たちが居並んでいる江戸藩邸の書院へ、土埃に白く汚れた膝を進めた。

「着替えもいたしませず、旅装束のままの失礼をお許しください」肩で息を継ぎながら、西郷頼母が切羽詰まった口調で切り出した、「申し上げるのは辛うございますが、殿、天下の情勢は幕府に味方しておりません。公武合体をもって切り抜けると申しても極めて至難の業、この難局に京都守護職をお受けし、京へ参るのは、まさに火中の栗を拾うようなものにございます。あえて危険をおかせば、お家の破滅にもつながりかねませぬ。しかも幕府の頼みにならぬこと、幕勢回復のために尽力された井伊家が封地を十万石削られた例でも明らかでありまする」

「西郷殿の申されたこと、土佐も憂慮のほかございません。苦労ばかり多く、功の難しい大任でございますれば、殿、この際はご辞退なされたほうが賢明かと存じます」

「まして沿岸警備を仰せつけられて以来、出費も大きく、藩財政は多くの借財と赤字を抱えております。いまは新領蝦夷地の漁業収入でようよう安定を得ておりますが、どうか、これ以上の無理はお避けになられたほうがよろしゅうございます」

西郷頼母

「そのうえ、井伊大老殿、安藤老中殿の例もございます。尊王攘夷派はますます凶暴の度を加えておりますれば、殿の身に万一のことがありましては……」

沈んだ表情で二人の意見に耳を傾けていた容保は、やがて静かに口を開いた。

「藩と余を案じての長い道のり、ご苦労であった」容保は二人をじっと見つめ、これまでのいきさつについて短く触れたあと、つづけた、「松平家には、宗家と存亡をともにせよとの藩祖公の遺訓がある。余不肖といえども数々のご恩徳に浴していること、一日たりとも忘れたことはない。余が再三固辞したのは、非才のため万一の過失から宗家に累を及ぼしはせぬかと、そのことを怖れただけのことで、いやしくも安きをむさぼるといわれては決心するよりほかはあるまい。だが、重任をお受けするからには、君臣の心が一つにならなければ、とうてい目的は達せられぬ。おのおのがた、よろしく審議を尽くして、余の進退を考えて貰いたい」

容保はそういって、家臣たちに自らの進退を預けた。居並ぶ者たちの顔を、感動が穂波のように伝わっていった。最初に横山主税が顔を上げた。

「ことここに及んではただ義の重きにつくばかり、将来のことなどとやかく論じてみても致しかたのないことではござらぬか」

「先の案じられることばかりだが、殿がそれほどのご決意でおられるのなら」田中土佐が悲壮な声でいった、「おのおのがた、殿のお言葉どおり、君臣ともに京の地を死場所と心得て参ろうではないか」

「そのほかに、道はあるまい」

和する声は次第に大きくなり、やがて容保が声をふるわせた。

「おのおのがたの心情、よくわかった。京を死場所と心得てともに参ろう」

すると、目付以下の座っている廊下から急に嗚咽が起こり、たちまち書院に広がった。それは悲壮な決意の場にふさわしい光景だったが、西郷頼母だけはじっと口をつぐみ、暗い表情でうつむいていた。

この場の光景は、京に着いてから覚馬が田中土佐からじかに聞いたことであるが、藩の将来が見えていた西郷頼母にとっては、何とも辛いひとときだったにちがいない。

頼母は帰国後、すぐに職を辞し、屋敷に閉じこもったが、一年後に京へ上り、ふたたび容保に守護職辞任を進言している。頼母にすれば、居ても立ってもいられぬ思いだったのだろうが、今度は〈御免御叱り〉でほんとうに家老職を免じられた。

軍事取締役大砲頭取として入京

山本覚馬が、父とともに、京都守護職を拝命した藩主に従って、一千の精兵の一人として京の町に入ったのは、その年、文久二年の暮れも押し迫った十二月二十四日のことである（翌年二月入京説もある）。生まれて半年の次女みねと妻に別れを告げての上洛であった。覚馬もうらも、これが永の別れになるなどとは、思いもしなかったであろう。

金戒光明寺の高麗門（京都市左京区黒谷町）

京では、公武合体派と尊王攘夷派が鎬《しのぎ》を削っていた。

会津藩は、京の北東に当たる七口の一つ、天然の要塞ともいわれる広大な伽藍をもつ黒谷《くろだに》の金戒《こんかい》光明寺に本陣を置いた。

山門を入り、参道や石段を奥へ奥へと登っていくと、いちばん奥まった寺域の北東、西雲院の墓所の一角に三百坪ほどの〈會津藩殉難者墓地〉があり、戊辰以前（文久二年から慶応三年までの六年間）の殉難者二百三十七人と、鳥羽伏見の戦いの戦死者百十五人、併せて三百五十二人の殉難者が祀られている。台石を入れて二メートルほどの〈戊辰之役伏見鳥羽淀會藩戦没者碑〉の筆頭には林権助の名が、三段目の九人目に山本三郎の名が刻まれている。

林権助大砲奉行のもと、軍事取締役大砲頭取として砲兵隊を率いて御所の警護に当たるのが覚馬の任務だったが、覚馬は任務のかたわら、蛤門の三丁ほど西にある、西洞院上長者町上る西側の長徳寺を借りて洋学所を開き、会津藩士、他藩士を問わず、英学と蘭学を教授した。講師陣は、英学が長崎で通詞何《が》礼之助に学んだ仙台藩士横山謙助、蘭学は緒方洪庵門下で下立売通室町の角で医院を開業している蘭医の栗原唯一であった。仙台藩邸は、長徳寺の南二丁のところにあった。

『山本覚馬伝』によると、会津藩士では「野村音次郎、石澤源四郎、有竹某、杉田進、辻仁助、大島瑛庵、野沢雞一らは英学を、加藤二郎、高野源之助、廣澤範吾、赤城玄理らは蘭学を学び、……佐久間象山の庶子三浦啓次《ママ》郎らもそのなかにおった」と書かれている。

教育に熱心な会津藩は、多くの藩士が駐留する際には、必ず学問所を併設した。和田蔵門（上屋敷）の成章館、芝新銭座（中屋敷）の考興館、相模観音崎の養正館、三崎の集義館などである。長徳寺の洋学所もその一つだった。

すぐ近くの中立売油小路に宿舎も定めた。覚馬は三十半ばになっていた。

情勢は激しく動いた。幕府が朝廷に攘夷期限と約束した文久三（一八六三）年五月十日、関門海峡を通りがかったアメリカ船に長州藩が砲撃を加え、巻き返しを図った公武合体派が尊王攘夷派の公卿たちを京から追放した。八月十八日の変である。
いよいよ海防が日本の課題となってきていた。

六千字に及ぶ海防論を執筆

その年の晩秋、覚馬は『守四門両戸之策』をしたためた。覚馬が残した数少ない史料の一つで、文久三年十一月二十日付の六千字に及ぶ海防論である。

そこで彼は、「漫《みだり》ニ攘夷論ヲ唱フル者」と「一途ニ西洋ヲ誇張」する「洋学者流」の両方を批判しつつ、砲台で守るのであればサンフランシスコ港のように鉄壁のものでなければならないとし、江戸湾、伊勢湾、瀬戸内海などの具体的な守り方を、きわめて詳細に距離や必要な砲台の数をあげて書いたうえで、概略次のように述べている。

——日本は四面を大洋に囲まれているので、砲台を築いてもいざというときに役に立たない。「公武の厳命」により、無益の砲台を築くことを止めさせ、砲台の代わりに大藩で数隻、小藩は数国で一隻というように、禄高に応じて「蒸汽船」を作らせることだ。国内で製造できるようになれば半値でできるし、自国のためであれば皆喜んで命令に応えてくれよう。「蒸汽船」は大砲十門を備える「火船」であって、昼夜の別なく東西自由に馳せ回る「活砲台」ゆえ、戦時には「此上ナキ海防ノ要器」となり、平時には参勤交代、米穀の運送などに用いて有益であり、「実用」にかなう。アメリカの「火船」製造にならい、数十隻の「火船」をつくり、「海軍ヲ備へバ、昔二十倍ノ強国トナル」。

この海防論が誰に向けて書かれ、誰に提出するつもりだったのか、定かでないが、その頃幕府が江戸湾で建設を急いでいた無用な台場造りで疲弊していく諸藩の台所事情を耳にするにつけ、そのお金で蒸気船を造ればどんなにか民の暮らしにも役立つだろうにと、覚馬は切歯扼腕せずにいられなかったのであろう。

象山暗殺

師の佐久間象山が蟄居を解かれ、政争の巷となっている京都に出てきたのは、翌年、元治《げんじ》元（一八六四）年の春であった。

尊王攘夷派と公武合体派の暗闘は、その直後の六月五日、祇園祭の宵宮の夜についに池田屋の変を引き起こす。

張り巡らせた諜報網を駆使して、異様に人の出入りが多い筑前藩御用達・古道具屋の桝屋喜右衛門こと志士の古高俊太郎を逮捕した新撰組が、凄絶な拷問のすえ俊太郎から聞き出したのは、半月後の烈風の夜を選んで御所の風上に放火し、公卿を片っ端から捕らえて、中心人物の中川宮を幽閉、守護職松平容保など反長州派の大名はすべて惨殺し、天皇を長州に移して強固な攘夷討幕政権を樹立するというものであった。新撰組ではただちに守護職や所司代に報告、応援を求めた。

三条大橋西の旅籠《はたご》池田屋に薬屋に化けて数日前から泊まり込んでいた新撰組探索方の山崎蒸が、尊王攘夷派の会議が終わると、慣れた手つきで座敷に膳を並べるのを手伝い、狭いので隣の部屋に置かせてもらいますよといいながらみんなの太刀を運び出した。ごく自然な動きだったので、誰も作戦だとは気づかなかった。

その直後、新撰組が池田屋に突入した。太刀がなくては勝負にならない。集まっていた肥後勤王派の重鎮で吉田松陰の友人宮部鼎蔵や松陰の従兄弟の吉田稔麿、諸藩の尊王攘夷派の志士三十人近くが、十分な応戦もできずに死傷した。

佐久間象山の宿所は、三条木屋町の少し北にあった。眼下に鴨川が流れ、東山や八坂の塔がよく見える眺望絶佳の二階家で、雨に煙るやさしい風情をとくに好んだ象山は、その家を〈煙雨楼〉と呼んでいた。

象山が、宿舎近くの高瀬川沿いの木屋町の路上で、数人の侍に暗殺されたのは七月十一日の夕刻である。

報を聞いて煙雨楼へ駆けつけた覚馬は、玄関脇の小部屋に入った。大柄な象山が、運び込まれたままの全身血だらけの姿で、仰向けに横たわっていた。黒絽の肩衣は真っ二つに裂け、白縮の単衣は真っ赤に染まっている。顔といわず腕といわず、全身いたるところに刀傷があり、とくに右の腿は骨にまで達する深い傷であった。血のついた、一、三カ所刃のこぼれた国光の短刀が、白束の太刀と並べてそばに置いてあり、それだけがわずかに象山が応戦したことを物語っていた。

顔見知りの若党とまだ十五歳にしかならない息子の恪二郎が、部屋の隅にしょんぼりと座っていた。握ると象山の手はまだ生温かく、その死が嘘のように思えた。

象山先生遭難の碑
（京都市中京区）

申《さる》半刻（午後五時）過ぎといえば、まだ白昼である。象山が倒れていた木屋町の片側を、角倉《すみのくら》了以が鴨川から引いた高瀬川が流れていて、小さな橋を渡ると、長州とその友藩、対馬、岩国屋敷がある。刺客たちは、どうやらそのあたりへ逃げ込んだものらしかった。覚馬は、上洛してきてからの五百日、何かにつけて邪魔をしてきた長州藩が師の暗殺にもかかわっていることを察し、憎悪の念が煮えたぎるのを覚えた。

ほどなく三条大橋のたもとに掲げられた捨て札

には、〈……奸賊会津・彦根二藩に与同し、……中川宮と事を謀り　恐れ多くも九重御動座彦根城へ移し奉り候儀を企て、昨今頻りにその機会を窺ひ候。大逆無道天地に容るべからざる国賊につき、……天誅を加へおわんぬ。但し斬首、梟木に懸くべきのところ、白昼その儀能わざるものなり。元治元年七月十一日　皇国忠義士〉と書かれていた。

尊王攘夷派が御所を襲う恐れがあるとして、いざというときのために、天皇を彦根藩へ移すことを象山は考え、ときどき宿所を訪ねていた覚馬や公用人の広沢安任も、象山の考えに同調していた。国内を二分して争っている場合ではない、国を挙げて外患に当たらなければならないと、象山は五十三歳の老齢をおして、有力者の許を精力的に入説してまわっている途上で、この難に遭ったのだった。

松代藩からのお書き下げが届いたのは翌日で、後ろ傷は武士にあるまじき醜態であると断じ、お家断絶、百石の禄と家屋敷の没収、一子恪二郎（愛妾菊子との間に生まれた庶子）には蟄居を命じるという厳しい処分であった。かつて『海防八策』や『国防急務十条』を上書し、日本の悩み苦しみを自分のものとして生きた象山の生涯を考えれば、この重い処分は、誰が考えても類が松代藩に及ぶことを恐れたためとしか考えようがなかった。

恪二郎は、帰るところもないので、全国を巡ってでも父の敵を討ちたいといった。

覚馬は書院の手摺りに凭れ、小魚が群れてときおり虹色に光っている鴨川の流れを見つめながら、自分の考えを告げた。

「象山先生を斬った者を探すのは、あの凄い群れの中から、たった一匹の小魚を見つけ出すようなものだ。それでも、どうしても敵を討ちたいのだな」

「はい。見つからなければ、長州藩主父子を討つ覚悟です」

「それならば、ここ京都に留まったほうがよいだろう。敵は必ずこの京都にいるはずだ。ただ、お前さんの身が心配だ」

暗殺にかかわった連中も、いつ報復されるか分からないので、相手の子供を探し出して始末しようと考えているはずだった。

覚馬はあくる日、自分の開いている洋学所で学問を続けることを納得させたうえで、身の危険を避け、敵を探す手助けをしてもらうため、三浦啓之助と変名した恪二郎を連れて、壬生の新撰組宿に隊長の近藤勇を訪ねていった。近藤勇とは、昨春、隊長格

会津藩洋学所跡碑（京都市上京区・長徳寺）

の芹沢鴨や土方《ひじかた》歳三らとともに黒谷の本陣へ浪士隊の会津藩召抱えを嘆願に来たとき以来の知己であった。

覚馬の思うところを察した近藤勇は、深くうなずいていった。

「今日からは、ここをわが家だと思ってください。息子の周平と同じ年格好ですから、きっと奴もよろこびましょう」

うち沈んでいた恪二郎は、近藤勇に肩を叩かれて、ようやく笑顔を見せた。正式に新撰組に入隊が認められるのはもう少し先になるが、覚馬は、胸を撫でおろして席を立った。


龍野咲人『佐久間象山』には、その後の恪二郎のことが次のように書かれている。


象門の二虎の一人、小林虎三郎は越後長岡藩では、河井継之助とともに英傑とうたわれていた。象山は生前、恪二郎のことを彼にたのんでおいた。それは恪二郎も承知だったので、虎三郎を訪ねて将来を相談した。

「なるほど、先生は殺されたけれども、それは私怨によってではない。むしろ国家をどう考えるか、その主義のちがいからきた出来事なので仇としてねらうようなことはよした方がいい」

虎三郎は、そう答えた。さすがである。

勝海舟にも尋ねたところ、虎三郎とほとんど同じ見解だった。もはや、敵討ちなんかする時代ではない。それよりも、学問修行にはげむべきだと、さとされた。

恪二郎の目から、鱗が落ちた。彼はまだ若いのである。敵討ちなどという旧観念に縛られていてはならなかった。新撰組へ入ってから四年目の春、そこを退いた。彼のなかで、何かがこわれはじめた。そして、兵庫の方へ行ったりするが、ふたたび京都へもどると、戊辰の役の最中だった。

象門の二虎のもう一人は、松陰吉田寅次郎である。

長州軍が京を取り巻くという、禁門の変を前にした時期ではなく、戊辰戦争が始まろうとしているような時期だったとしたら、覚馬も恪二郎に、小林虎三郎や勝海舟と同じように答えたのではないだろうか。

なお、象山を斬ったのは肥後藩士河上彦斎たちで、非業の死を遂げた象山の遺骸は、後日、花園妙心寺の塔頭《たっちゅう》大法院に葬られた。

禁門の変

戦闘で目を負傷、京は大火に

会津藩の本営が置かれている黒谷の金戒光明寺は、鴨川をはさんで御所を西に望める高台にあった。背後に如意ケ岳や大文字山が迫る山裾の宏壮な境内には山門や伽藍や塔頭がそびえ、ぎらぎらとした無風の夏空に会津葵の旗がまっすぐに垂れ下がっていた。

山本覚馬は、急ぎ足で長い石段を昇り切ると、境内のはずれまで行き、高い石垣の上に足を踏んばって立った。遠くに眺められる伏見の町や天王山のあたりが、陽炎に揺れている。象山を送って五日、七月十八日の午後であった。

覚馬は、至急参集せよとの連絡で、本営までやってきたのである。

いよいよ、長州藩への恨みを晴らす機会が訪れようとしているのだと思うと、体の芯が熱くなってくる。

「みんな揃っているぞ」

肩越しに声をかけて、広沢安任（富次郎）が小走りに駆けていった。後年のことになるが、広沢は、藩主らが江戸を引き揚げたあとも江戸に留まり、会津藩を追討する理由がないと訴えつづけて総督府に捕らえられ、獄中にあったために覚馬同様命永らえた。再興を許された斗南の地では少参事となり、日本で初めて洋式牧場をひらいた人物である。

「すぐ行く」

もう一度遠くの風景に目をやり、覚馬は身をひるがえした。

本営の広間には軍事奉行添役の神保修理など三十人近い主立った者たちが居流れていて、覚馬が着席するやいなや、田中土佐が状況を話しはじめた。

「長州藩は、六月の末、家老の福原越後が兵六百を率いて伏見に布陣した後、嵯峨の天龍寺や山崎の天王山に千人近い兵を増員し、京を包囲している。越後は、攘夷派の公卿を使い、勅命を得てわが殿を京から追い払おうと謀った。それが不可能と知ると、攘夷に尽くしたのだから藩主と七卿を許されたいと嘆願を出してまいった。だが、兵を率いての脅迫まがいの嘆願など、まことに無礼千万である。今朝方、一橋慶喜《よしのぶ》公から即刻撤退命令が伝えられたが、越後は、今夜八ツ刻までに兵を退がらせると答えたそうだ。しかし、長州軍がこのまま引き下がるとは思えぬ。数のうえでは取るに足りぬとはいえ、当方の足並みが揃っているとは申せぬうえ、長州藩は決死の覚悟ゆえ、どういう事態に立ち至るやも知れぬ。おのおのがた、持ち場をしっかりと守り、厳重に警戒してもらいたい」

八ツ刻といえば午前二時である。

覚馬は深くうなずいた。まわりに座っている神保修理や林権助、広沢安任の顔にも、激しい怒りがぎらぎらと光っている。健闘を誓いあった藩士たちは、ほどなく、それぞれの守備場所へ散っていった。

長州藩の出兵は、池田屋の変をきっかけにしたものだから会津藩と長州藩の私闘である、会津藩を市外に出して長州藩と戦わせればよい、とまでいう者も少なくないありさまだったから、田中土佐がいったように確かに足並みが揃っているとはいえなかった。

それでも諸藩兵の配置はおよそ六万、長州軍主力のいる伏見、山崎、嵯峨方面、御所の九門はむろんのこと、郊外の洞ケ峠や老ノ坂、上賀茂まで固めてあり、二千の長州兵を迎え撃つにしては、一応水も漏らさぬ態勢といえた。

御所の西側は、北から順に乾門を薩摩藩、中立売門を筑前藩、蛤門を会津藩、下立売門を仙台藩が、南側の堺町門を越前藩が守っていた。

番頭《ばんがしら》の一瀬伝五郎、大砲奉行の林権助とともに、大砲隊、足軽銃隊三百五十人を従え

錦絵　京都戦争図（東京大学史料編纂所蔵）

て蛤門の守りについた覚馬は、復讐できる瞬間が刻々と近づいてきていることに血がたぎるのを覚えながら、拳を強く握りしめた。

真っ暗な夜空に満天の星がきらめき、天の川が銀色の帯のように流れている。その夜空に火炎が高く立ちのぼったのは、夜半を過ぎた頃であった。

小半刻ほどして伝令が着き、越後が負傷したために長州軍は総くずれとなって退却したことを伝えてきた。燃えているのは、長州軍の伏見屋敷だそうであった。

御所の守備隊は気勢があがった。

だが、報復精神に凝り固まった長州軍は、会津藩主松平容保を目の敵にして、深夜になって御所へ襲いかかってきたのである。

大砲隊の指揮をまかされた覚馬は、長州軍を迎え撃とうと、二門を蛤門の外に出して待ち構えていたが、長州軍は、予想もしない方角から蛤門へ迫ってきたのだった。

すぐ北で砲声が聞こえた。嵯峨勢の国司信濃隊八百の猛攻に押しまくられて、筑前兵はアッという間に中立売門を捨ててしまっていたのだ。

会津兵が国司勢に気をとられている隙に、今度は同じ嵯峨勢の児玉小民部、来島又兵衛に率いられた一隊が、蛤門と下立売門の間にある八条邸の塀を突き破って闖入し、南側からいっせいに砲撃を加えてきた。挟み撃ちである。

覚馬はすぐに、大砲を門内に引き入れて応戦した。

御所をめぐって両軍は大砲を撃ち合い、白刃をひらめかせた。まさに修羅場であった。大砲がうなりを上げ、一進一退の白兵戦が続いた。

覚馬は銃を構えると、馬にまたがって長剣を振り、兵たちを鼓舞している来島又兵衛らしき男に狙いを定めて、引金を引いた。篝火の燃える中、土埃と白煙に見え隠れしていた馬上の男は、体を反らせたかと思うと、次の瞬間、胸のあたりと腹部を押さえて、鞍から転がり落ちた。背後からも、狙撃した者があったらしい。

薩摩兵のようであった。乾門に守備兵を残して嵯峨へ向かおうとしていた薩摩兵は、長州軍が迫ってきたことに気づき、反転して烏丸通を南下、内裏の台所門を守っていた桑名兵とともに、長州勢を追い詰めながら門内を南下して、中立売、蛤門の激戦場へ突入してきたのだった。

そのときである。近くで大砲が爆ぜ、覚馬は体ごと跳ね飛ばされた。

戦いはやがて、御所の南の堺町門のほうへ移っていった。そばには広壮な鷹司邸や九条邸がある。山崎勢数百のうち久坂玄瑞に率いられた一団が、鷹司邸に入り込み、越前兵と銃撃戦をしていた。

目を押さえながら立ち上がると、覚馬は痛みに耐えて、大砲の移動を命じた。

「覚馬、覚馬、鷹司邸の壁を破ってくれ」林権助らしい声が飛び込んできた、「長州の奴らが入り込んでいるのだが、堅うて破れんのじゃ」

覚馬はそばの隊士に距離を聞き、方位と角度を合わせさせると大砲をぶっ放した。

ほどなく一角が崩れた。重ねて数発打つと土塀に穴があき、黒谷から駆けつけてきたばかりの生駒五兵衛隊が、大気を切り裂くような鋭い声とともに鷹司邸へ突入していった。

黒い煙を吐きはじめた鷹司邸のまわりには、長州兵の戦死者がどんどんと増えていった。負傷して鷹司邸と運命を共にした久坂玄瑞たちを残して、敗残兵は裏門から逃れ、近くの商家に逃げ込んだ。薩摩兵が火を放ち、逃げる長州兵を追っていった。

御所の中にいる覚馬には見えなかったが、その頃すでに河原町一帯が火の中にあった。

戦場の大勢が決したとみた留守居役乃美織江が、長州藩邸に火を放って落ちのびていたのである。そして、鷹司邸から出た火は商家の燃えさかる火と合わさり、折からの強い北風に煽られて、乾き切った低い家並みを舐めるように南へ南へと赤い舌を伸ばしていった。

千年の都京の町は、この夜、歴史の歯車が逆回りしてあたかも戦国の世に戻ったかのようなひどい混乱に陥っていた。

まるたけえびすにおしおいけ、あねさんろっかくたこにしき、しあやぶったかまつまんごじょう――御所の南の丸太町通にはじまり東西の通りの名の頭文字を並べたこのわらべ唄は、京の親たちが子供たちに教えついできたものであるが、皮肉なことにこの大火は三日三晩にわたって、わらべ唄の通りの順に、京の町と多くの人命をつぎつぎと火の海に呑みこんでいったのである。

参考までに紹介すると、明田鉄男『幕末京都』には、

前川五嶺という人の書いた画帳「甲子兵燹図《かっしへいせんず》」というのが、くわしくその惨状を絵と文で説明しているが、これによると、消失家屋は、

禁門の変は京の町を焼き尽くした

「かまど（世帯）数二万七千五百十三軒、町数にして八百十一町、焼け落ちた土蔵一千二百七棟、橋梁四十一、宮門跡三、芝居小屋二、公卿屋敷十八、武家屋敷五十一、社寺二百五十三その他」

地図で見ると東西は寺町堀川間、南北は丸太町八条間、約五・二平方キロメートルが一面の焼け野原と化したのだからすさまじい。

と書かれている。およそ二十万人が、住む家を失ったのである。

御所の治療所で応急手当をしてもらったが、目の痛みは収まる気配がなかった。覚馬は、許しを得て宿舎に戻り、近くの蘭医栗原唯一に目の手当をしてもらった。

栗原は目玉が飛び出さなかっただけでも儲け物だ

といい、

「侍同士殺し合う、それは商売だからやりたいだけやればいい。しかし、罪もない町人を巻き添えにして、家屋敷まで焼いてしまうのは許せませぬ。戦は敵です。医者が苦労に苦労を重ねて病を癒していく尻から、戦は怪我人や病人を作っていく。そうは思われませぬか、覚馬どの」

目の奥の痛みが耐え切れぬほどのものになっていたからだけではない。栗原の指摘に、覚馬はひとことも反論することができなかった。

栗原のそばで、同じ錦小路頼言卿に師事している青年が、治療の様子を心配そうに見つめていた。

「幸いここにいる明石うじの家は古くからの薬種屋でもある。早速届けてもらいますから、念のために薬をお使いください」

栗原の話によると、そばに座っている明石博高《ひろあきら》の四条堀川の家には、シーボルトから譲り受けた書籍や医療器具、薬種などが大切に保管されていて、博高自身も父祖の跡を継いで、製薬、本草、解剖、測量術などを広く身につけている少壮気鋭の学者だそうであった。明石はこの日、戦闘がおさまるのを待って、大急ぎで栗原の手伝いにやってきていたのである。

「薬はすぐにお届けします」

「それは、かたじけない」

窓から入ってくる光がまぶしくてじっと開けていることができず、覚馬は目を瞑ったまま礼をいった。

公用人に登用される

戦闘のあとは残党の探索であった。御所周辺はおおむねその日に終わり、翌二十一日には、腫れて見えにくくなった目の痛みをこらえながら覚馬は山崎へ向かった。

軍事奉行添役の神保修理を団長に、会津兵、見廻組、新撰組など五百五十人で、近藤勇が先陣を買って出て、具足をはずし、天王山の急な斜面を駆けのぼっていった。だが、長州軍の銃撃に新撰組は前進を阻まれ、結局、会津軍の銃隊が前面に出ていった。

覚馬たちが山頂に着いたときには、久留米水天宮の神官真木和泉など二十人近くの長州勢は、自刃し果てたあとであった。燃える神社の火が屍を焼いていた。

「戦とはいえ、無残なものだな」

覚馬は合掌して、山を降りた。

八条の辺りまで辿りついた覚馬の視界には、東本願寺をはじめ焼け落ちた家々の残骸が黒ぐろと見えるばかりであった。

いちめん焼け野原になった京の町には、長州兵や逃げ遅れた町人の死体が、流木のようにごろごろと転がっていた。

やがて、市内のあちこちには救恤所《きゅうじゅっしょ》が設けられたが、どの救恤所にも食べ物を求めておびただしい人群れが並んだ。

コロコロした目の裏の痛みが和らいでいくにつれ、視界がぼやけていくことに不安を覚えながら、覚馬は来る日も来る日も市中を見てまわったが、黒く焼け焦げた町や食べ物を求めるおびただしい人群れを目にするたびに、戦は敵ですといい切った栗原唯一の言葉が、鋭い刃のように胸に突き刺さってくるのだった。

覚馬は、禁門の変の功で三人扶持の加増を得、父の権八も褒美にあずかった（野口信一・小枝弘和『時代を駆ける新島八重』）。併せて、林権助大砲隊長のもと、中沢帯刀《たてわき》とともに組頭を命じられ、また公用人（外交担当）にも登用されて、格別役料二百石を与えられている。（中岡進「諸藩に先駆けた会津の近代化」『歴史読本』平成25年7月号）

思い掛けぬ障壁――視力の衰え

暗闘から禁門の変へとつづいた長く暑い夏が過ぎて、ようやく凌ぎやすい秋が訪れてきた。

下関の町が、前年の五月に長州藩が馬関海峡で強行した外国船砲撃の報復をうけ、英仏蘭米四国連合艦隊に占領されたという噂が伝わってきたころ、焼け野原になった京の町では、藩邸や寺院、商家などの建物が少しずつ真新しい姿を見せはじめていた。

会津藩が丸太橋東詰の畑を買いとって練兵場を作ったのは、ちょうどその頃のことだ。近いうちに長州藩追討の出兵が行われる予定だったからである。

「時代は動いておる。いつまでも刀と槍ではあるまい」

田中土佐は林権助と覚馬を呼び、みっちりと軍の訓練を行うように伝えた。

禁門の変に続いて、今度は下関の町が外国艦隊に占領されたことで、頑迷な老臣たちもようやく軍制改革の必要性を痛感しはじめたのだ。開国は必要だとしても、隣国の清朝のように外国の侮りを受け、植民地になることだけは絶対に避けなければならなかった。

象山亡きいま、その志を継いで、この手で日本を守らなければならない――そう意気込んだ矢先、覚馬の前に、思わぬ障壁が立ちはだかってきた。

視力の急激な衰えである。

栗原唯一が師事したことのある錦小路頼言卿に診てもらったあと、藩主の許しを得て、覚馬は御所のそばの施療所、清浄華院で療養した。ひと月ほどの予定だったが、病状が思わしくなく、入院期間はずるずると延引した。さいわい長州追討の一件は、長州藩が京へ兵を進めた三家老、福原越後、国司信濃、益田右衛門介の首級を差し出すことで落着したため、そちらのほうの心配はせずに済んだ。

両眼をしっかり開いても、もう人の顔を見分けることができなかった。視力を回復することは、ほとんど絶望的であった。

新しい年、慶応元（一八六五）年が明けてまもなく、彼は施療所、清浄華院を出た。

八重、川崎尚之助と結婚

八重が、川崎尚之介と結婚したことを知らせてきたのは、その年のことである。はじめて川崎正之助と出会ったのは安政元（一八五四）年、覚馬は二十六歳、正之助は十八歳の若さであった。年は若かったが、正之助はすでに蘭学と舎密術を学び、神田孝平や加藤弘之と並ぶ新進気鋭の洋学者として注目されていた。

川崎正之助は、但馬出石藩の医師川崎才兵衛の四男一女の四男で、天保七（一八三六）年十一月の生まれであった。

江戸で三年間学んだのち会津若松に帰った覚馬が、江戸昌平黌や杉田成卿に学んだ先輩の南摩綱紀とともに藩校日新館の教授人になり、林権助や学校奉行に働きかけて蘭学所を作ったことは、先述したとおりであるが、覚馬の招聘に応えて、正之助が会津の土を踏んだのは、その翌年、安政四（一八五七）年の春であった。

正之助は、日新館に近いこともあって、山本家に投宿した。覚馬は、正之助を蘭学所の仮教授人にするとともに、学校奉行を通じて藩士に取り立ててくれるようたびたび進言した。しかし、洋学と他国人に対する重臣たちの反応は冷たく、蘭学所の教授人として正式に任じ、給金を与えてもらうのがやっとであった。

その正之助が、名を初代藩主保科正之に遠慮して「尚之助」と改めて大砲方頭取十三人扶持の会津藩士に登用され、十九歳になった八重と祝言をあげたというのだ。

覚馬は、胸を撫でおろした。会津に骨を埋める覚悟をきめてくれたのである。正之助が会津の土を踏んでから、すでに八年という歳月が経っていた。

二人の結婚に関する史料は何もない。近年、会津若松市立図書館で発見された収蔵史料『斗南藩貫属各府県出稼戸籍』の中などに、「川崎尚之助妻」といった記載が認められるのみである。

どういう経緯を経ての結婚だったのかは分からないが、幼い頃から思うことをはっきりと主張する八重だったたから、尚之助が八重を見染めたからこそ成立した結婚であったことは間違いなさそうである。十七歳上の兄覚馬の背中をみて男勝りに育ち、石投げや駆けっこなど男児の遊びや射撃に夢中になり、のちに、十三歳の頃には四斗俵を四回も肩に上げ下げしたと自ら語っている大柄な八重も、この頃には、女らしい魅力が出てきていたということであろうか。

二人が新しく所帯を持った頃、蘭学や舎密術をさらに極め、洋式砲術や銃砲の製造にいたるまで、深い見識と実践力を藩外にまで認められるようになっていた尚之助のもとには、米沢藩や東北諸藩から砲術修行の藩士たちが何人も訪れるようになっていた。

最後の砦、小倉城落城

第二次長州征伐が慶応二（一八六六）年六月七日に始まって一カ月余、七月二十日には指揮をとっていた将軍家茂《いえもち》が大坂城で亡くなり、幕府軍の足並みが揃わないまま、最後の砦といわれた小倉城が、高杉晋作率いる長州軍の急襲にあって落城していた。長州藩を征伐するどころか、幕府軍は手痛い敗北を喫したのである。

覚馬が、上洛中の軍艦奉行勝海舟から、金子五百疋を渡され、義兄（妹順子の夫）に当たる佐久間象山の遺児恪二郎の世話を改めて頼まれたのは、この頃のことだ。

『海舟日記』によると、七月五日のことで、二十四日には藩主容保の使者として訪問している。悪化していくばかりの国内の政情を何とか治めようと、海舟が会津藩と薩摩藩との間をとりもとうとしたと伝えられる頃なので、藩主松平容保の意向を伝えに行ったのだろうが、どんな内容だったかはわからない。

三度目に会ったのは、九月二十八日のことである。

江戸に遊学して、覚馬がはじめて赤坂田町の洋学塾を訪ねたころ、小普請組勝麟太郎はわずか四十俵取りの少身の侍だった。それから十三年、勝海舟は二千石の安房守となり、軍艦奉行として幕政の中枢に登りつめていた。二年前、幕府の重臣と意見が合わず、いったんは軍艦奉行を罷免されたが、この五月に再任された海舟は、六月に上洛、険悪になってきている薩摩と会津の関係を調整したあと、長州問題を処理するために広島まで行き、ふたたび京へ戻って来ていたのである。

この頃すでに薩摩藩は、長州再征を拒否して長州藩との間で軍事同盟を結び、幕長戦争のさまざまな局面を予測して、薩摩藩のとるべき態度を約束していた。むろん長州藩では、四民を総動員した決戦態勢が着々と整えられつつあった。

勝海舟と西周

御池通の〈軍艦奉行様御宿〉に着くと、

勝海舟

「それで、長州の反応はいかがでしたか……」

覚馬は、水を向けた。

「談判といったって訳はなく、とっさの間に済んだのさ」海舟はいつものように剽軽な口を叩いた、「使節団の団長格の広沢兵助に俺のほうから言ってやったのさ、『どうして、あなた方のほうで、大坂に火をつけないのです。こちらは江戸まで追いまくられますよ』ってね。そしたら、広沢は『それは知っていますが、なにぶん名分がありますから』と言った。よく分かっていたよ。それならと、俺は切り札を出してやった。幕府がみずからを投げ出し、そのうえで、朝廷の前で公論衆議によって今後のことを決めたいとね」

「それは、お上の……」

「そうさ、将軍の直筆の約束を貰ったうえでの話さ。ところが……」と海舟は苦々しげに吐き出した、「広島で長州と話をつけて帰ってくるとどうだい、将軍は相も変わらず、有力大名を潰してでも徳川氏一家のために天下に号令し続けようという肚なのさ。将軍のいう御一新がニセモノだと気づいた長州が、幕府を信用することなどもはやあるまい。要するに、上に立つ者が利口でないのさ」

海舟はいま、大変なことを口走っていると覚馬は思ったが、それが、どういう事態の到来を予測しているのか、咄嗟には理解できなかった。

「それに較べると、山本さん……」と、海舟はつづけた、「万延元年に、私は咸臨丸に乗ってアメリカという国を見てきたが、あの国では、人の上に立つ者は、地位相応に利口だね。ここが日本と違うところさ。なぜ違うかといえば、アメリカでは士農工商の差別がなく、有能であれば誰もが、大統領になれるのさ」

海舟の話は飛躍しすぎていて、理屈ではわかっても、覚馬には実感が伴わない。

「北と南に分かれて闘っていた南北戦争が終わり、奴隷というものがなくなって、これからアメリカはひとつになる。きっと強い国になるさ。この日本も真似をせねばなるまいが、道は遠いね」

「遠いですか」

「うむ、遠い。ずいぶんと時間がかかるだろう」

海舟はそういって膝を叩いた。そのとき、女中がひとりの客を案内してきた。覚馬と同年配で、四十にひとつふたつ間のある侍であった。

「よいところへ珍客が見えた。山本さんに紹介しておきましょう。西周《あまね》という津和野藩出身の新進気鋭の学者で、昨年、オランダ留学から帰国したばかりだ」

西　周

「西周です。よろしくお見知りおきを」

覚馬は、自らを名乗り、

「私は目がよく見えませんので、そのお声を耳の底にしっかりととどめておきます」

といった。

「そうでしたか。では、耳の底にしっかりと」

西周が頭を掻き、応酬のおもしろさに、三人は腹を抱えて笑い転げた。それからしばしの時間、西周は、オランダで見聞したことを話した。外国を見たことがない覚馬には、興味のあることばかりだった。いずれまとまった話を聞きたいものだと覚馬は思った。

歴史の激流が日本全土に荒れ狂うしばし前の、静かでおだやかなつかの間のひとときであった。

ほどなく、覚馬は藩命により、軍事奉行配下の中沢帯刀や遊学する若い藩士小松済治たちとともに長崎へ赴いた。戦なしに新しい時代を迎えるためには、最新式の武器を備え、武力の均衡を図っておくことが必要だと考えられたからだ。

守護職辞任ならず

その年慶応二（一八六六）年の十二月、一橋慶喜が第十五代将軍に決まってまもなくの、暮れも押し迫った二十五日、三十六歳の孝明天皇がわずか半月の病臥のあと崩御された。覚馬たちが、瀬戸内海を西へ向かっている頃のことで、直後には毒殺説が流れたほどの、急な変事であった。この日から、徳川の世は音を立てて崩れていくことになる。

公武合体派の最大の庇護者が不帰の客となったことで、最も手痛い打撃を受けたのは、将軍になったばかりの徳川慶喜と、信任の厚かった京都守護職松平容保であった。

明けて慶応三（一八六七）年一月二十七日の夕刻、大葬の儀を終えて黒谷の会津藩本営へ帰り着いた容保は、直ちに重臣たちを集めると悲壮な口調で告げたという。

「そこもとらに集まってもらったのはほかでもない。この容保、かねて将軍から征長軍の解兵について朝廷の許しを得るように求められてきたところであるが、余は、征長は亡き主上の御意志、これを成し遂げてこそ大喪に服するものと考え、その御役目をお断り申してきた。しかるに、将軍にはもはや征長の御意志はない。よって、職を辞して帰国いたしたいと存ずる。重大な決断ゆえ重ねて言うが、職を辞して帰国する。そこもとらに異存はないか」

「みどもら一同、仰せの通りと存じます」

家老の田中土佐の声が、大広間に響きわたった。むろん、誰にも異存のあろうはずがなかった。

容保の守護職辞任の意向が将軍につたえられると、時を置かず、桑名十一万石を継いでいる弟の松平定敬《さだあき》が、徳川慶喜の意を受けて、黒谷を訪ねてきた。

「兄上、薩摩藩がつぎつぎと兵を入京させているのはご存じでしょう。ただいまの平穏は会津藩の兵力あってのこと、どうかここのところはご辛抱いただけませんか」

京の平安が保たれているのは会津藩の兵力あってのことといわれると、まったくそのとおりであった。もし会津藩が手を引けば、京都所司代役の定敬に京都守護職の仕事まで押しつけられかねないし、京の力関係はたちまちにして逆転してしまうに違いなかった。

兄の尾張藩主徳川慶勝は、物柔らかに弟の会津藩主を口説いた。

真底では、兄と弟に将軍への憤懣やるかたない気持ちを叩きつけたかったに違いないが、容保はただ瞑目しただけであった。睫が細かく震えていた。宗家と運命を共にせよ

――藩祖保科正之の遺訓が、彼をとらえて放さなかったのだ。

あくる日、ふたたび訪ねてきた定敬に向かって、容保は苦しげに口を開いた。

「やむを得まい。火中に栗を拾うようなものかも知れぬが、宗家のために身命を捧げるほかに道はあるまいのう」

定敬は、自らの運命を見通したような容保の口吻と淋しげな微笑に返す言葉もなく、黙って色白の兄を見つめていたという。

将軍への憤懣やるかたない思いをこらえて、結局、容保はふたたび火中の栗を拾うことになったのである。

長崎へ――失明・闇を生きる覚悟

長崎へ着いた覚馬たちは、オランダ屋敷のある出島の近くに宿をとり、旅の疲れを癒す間もなく、レーマン・ハルトマン商会を訪ねていった。

レーマン・ハルトマン商会は、三十歳くらいのカール・レーマンというドイツ人がとりしきっている貿易商社で、オランダと提携して、汽船、武器、弾薬をはじめ、工学器械、硝子品などを日本へ運んでいた。のちに京都府顧問となって殖産興業策を進めた覚馬は、カールの弟のルドルフを招聘し、独逸学校の教授、梅津製紙場の建設をまかせている。

　わが国との通商条約を最初に結んだのはアメリカだったが、南北戦争のために外国へ進出する余裕がなく、貿易の主力はイギリスに移っていた。だが、イギリスはこのところ西南諸藩との繋がりを強めており、二番手のフランスは幕府に与していた。代物が武器であるだけに、英仏いずれの国から購入しても不都合の起こることが予測されたので、できればそれ以外の国から買いたいと覚馬は思っていた。それに、オランダ語の通じる相手であるほうが好ましかった。

　覚馬が中沢帯刀を紹介し、カール・レーマンの片言の日本語と覚馬のたどたどしいオランダ語をまじえた商談は、お互いの駆け引きもあってかなり長時間に及んだ。

　注文する銃は、紀州藩から頼まれた三千挺と会津藩の千三百挺である。

　カール・レーマンはゲベール銃を勧めた。それなら、近く入港する船の荷と手許にある分を合わせて希望分を調達できるというのが、その理由であった。

「いや、スペンサー銃でないといけないんだ」

　覚馬は即座に返答した。

　スペンサー銃は、ゲベール銃にくらべると、銃弾に旋回を与える施条がついていて、弾丸が遠く飛ぶうえ、照星や照門もついているので、命中率が格段によかった。弾丸の装填も元込め式なので、手数がかからないことも大きな利点であった。

カール・レーマンはゲベール銃を勧めるのを諦め、手許には千挺しかないのでしばらく待ってほしいと告げた。

銃弾や付属品を入れると、一挺が八両あまり、しめて三万五千両近い買い物である。

紀州藩への千挺のスペンサー銃を土産に京へ戻る中沢帯刀を見送った覚馬は、カール・レーマンの紹介で弟のルドルフ・レーマンやオランダ人化学者ハラタマなどに会ったあと、目の治療のため、小島養成所にオランダ陸軍の一等軍医ボードインを訪ねた。

ボードインは眼科の名医だったが、覚馬の目の症状はきわめて悪く、ボードインの手をもってしても明かりを取りもどすことはできなかった。

診察に立ち会ってくれた古川春英と松本良順は、無念そうにその場をみつめていた。

多くの町人の命を奪い、二十万人もの家屋敷を焼いた罰が、この失明なのだ。たとえ命を奪われようと、文句のいえる筋合いではなかったのだ。このことを片時も忘れることなく、これからの命を生きなければならない――じっと唇を噛みしめて、覚馬は自分の胸にそういい聞かせた。

会津藩主松平容保の強い願いにもかかわらず、京都守護職の辞任はならなかった。

覚馬は、長崎で武器を積んだ船が着くのを待っているときにこれらの経緯を聞いたのだったが、このとき京都守護職を辞することができていれば、会津藩の運命も大きく変わっていたことであろう。覚馬は、郷里会津で逼塞している西郷頼母は、この事態をどう考えておられるであろうと思わずにはいられなかった。

風雲急を告げている京を離れたまま、のんびりしていることはできないと考えた覚馬は、銃が着きしだい急送してくれるよう、カール・レーマンに確約書をしたためてもらうとともに、若い藩士たちがドイツで学べるよう助力を依頼し、スペンサー銃一丁を長崎土産として郷里の八重宛てに発送したあと、大坂まわりの船に乗り込んだ。

だが、このとき覚馬が注文した銃は、残念ながら会津藩へは届かなかった。ずっとのちになって、覚馬は、お雇い外国人として上洛してきたルドルフ・レーマンから、越後口に布陣していた紀州藩が代わって受け取ったことを聞いた。

郷士の娘・小田時榮

帰り着いた京は、嵐の前の静けさであった。

目が不自由になってきた覚馬の身の回りの世話をするために、小田時榮という十四歳くらいの少女が洋学所や近くの宿所へ来るようになったのは、この頃のことではないかと思われる。

くわしいことは分からないが、時榮はのちに覚馬の後妻になるので、分かっていることを書いておくと、本籍は京都市上京区下長者町通六軒町西入る利生町四十番戸で、小田隼人の四女、嘉永六（一八五三）年五月七日生まれである。

末裔（小田貞子）の話によると、小田家は代々丹波の郷士で、この頃の戸主で弘化三（一八四六）年生まれの兄勝太郎も、御所に出仕していたという。覚馬はこの勝太郎と何らかの関係があったのであろう。

清浄華院で療養したあとのことであろうが、

「その頃は小田の屋敷も相当広かったんで、覚馬はんは永いあいだ、うちで療養してはったそうどす。そのときに時榮さんが世話しやはって、小田の家を出ていかはるときもついていかはったんどす」

といったことが末裔から聞いた話である。

ちなみに利生町は、覚馬が洋学所を開いていた長徳寺から十二丁ほど西にある。

西周塾で国際法などを学ぶ

覚馬が、明石博高や会津藩士の同行を求めて、その年、慶応三（一八六七）年二月に開講した四条大宮更雀寺の西周塾へ国際法の講義を聴きにいったのも、この頃のことである。幕臣の西は、文久二（一八六二）年に榎本武揚、津田真道らとオランダに留学、西洋の歴史や経済、国際法などを学んで帰国し、開成所の教授、徳川慶喜の顧問を勤め、前年末には『万国公法』の翻訳を完成していた。

更雀寺の西周塾には、諸藩士およそ五百人が集まり、西周の講義に耳を傾けた。覚馬が特に興味を覚えたのは、国際法である。西の許可を得て、同行している洋学所の門下生、会津藩士の野沢雞一に『万国公法』の写本作成を依頼し、写本ができたところから読んでもらっては、一字一句を暗記していった。

この日以来、覚馬は何度も西周塾へ足を運び、西周とは昵懇の間柄となった。世の中が激しく動き始めたその年の十一月、原因はよく分からないが、西周が塾生三十八人の退塾を求めたときには、覚馬が周旋して事を納めている。

何回目かの聴講時の主題は「百一新論」で、和漢洋の倫理道徳、物の考え方を一つの体系に構築して教授しようとする、西周の意欲的な講義だった。覚馬は、同行の野沢雞一に講義録を作ってくれるように依頼した。洋学所に帰ってからも、繰り返し読んでもらえるようにとの心積もりであった。初めて「哲学」という用語を使ったこの講義録が奇跡的に覚馬の手元に残り、明治七（一八七四）年三月になってからであるが、『百一新論』として、覚馬の手で発刊されるのである。

大政奉還から王政復古へ

会津藩では、京都守護職の要員（当初の一千から千五百に増強）の半数を八月半ばに交替させることになっていた。

弟の三郎もその交替要員として会津若松を出立したようだったが、年少の三郎たち四十人余は、修行生として江戸に残ることになり、大坂に着いたのは、年の暮れになってからであった。

慌ただしい京の動きや、徳川慶喜が大政を奉還したらしいこと、続いて師走の半ばになると、王政復古の詔勅が出されて、徳川慶喜や松平容保らが蚊帳の外に置かれることになったらしいことが江戸にも伝わってきて、三郎たち修行生たちも、居ても立ってもいられない想いになっていった。

「京都の不穏な状況を知った三郎ら修行生四〇名あまりは京都行きを嘆願し、江戸学校奉行町田伝八がこれを率い京・大坂へ向かった」（『時代を駆ける新島八重』）という。

ええじゃないか、ええじゃないかの群衆乱舞の中、土佐藩の後藤象二郎が会津藩公用局へ会見を申し入れてきたは、その年の十月四日のことであった。

応接には、公用人の外島機兵衛、手代木勝任、上田伝治の三人が当たり、覚馬が背後に控えて、後藤を迎えた。

土佐藩の参政として切れ者の名をはせている三十歳の後藤は、坂本龍馬がしたためたという〈船中八策〉を懐中に、やや緊張した面持ちで口を開いた。

「尊藩とわが藩は、ともに公武合体に努力してきた仲なので、これまでの友誼を思い、腹心を吐露して申し上げたい。わが藩は、日本を泰山の安きに置くためには、政権を朝廷に奉還する一策をおいてほかにないと考え、その儀をすでに将軍に建白いたした。これまでの経緯はあろうと思うが、どうかこの儀にご賛助いただきたい」

大政奉還の建白――それは、軍制改革に遅れをとっている土佐藩が、薩長の倒幕派を牽制しつつ、幕府との武力対決を避けるためにとった妥協の方策であった。

続いて後藤は、大政奉還すべき理由と、新政府の要点を述べた。

朝廷を中央政府として、「議政局」という議会を設け、「無窮の大典」つまり憲法を制定し、政府直属の「御親兵」を設置する――立憲的中央集権的な国家構想であった。議論の余地は残されているが、概ね了解できる内容である。

会津藩としても、異論はなかった。

後藤象二郎

参考までに後藤象二郎が懐中にしてきた〈船中八策〉を掲げておくと、

一、天下の政権を朝廷に奉還せしめ、政令よろしく朝廷より出づべき事
一、上下議政局を設け、議員を置きて万機を参賛せしめ、万機宜しく公議に決すべき事
一、有財の公卿諸侯及び天下の人材を顧問に備へ官爵を賜ひ、宜しく従来有名無実の官を除くべき事
一、外国の交際広く公議を採り、新に至当の規約を立つべき事
一、古来の律令を折衷し、新に無窮の大典を撰定すべき事
一、海軍宜しく拡張すべき事
一、御親兵を置き、帝都を守衛せしむべき事
一、金銀物価宜しく外国と平均の法を設く

べき事

以上八策は方今天下の形勢を察し、之を宇内万国に徴するに、之を捨て他に済時の急務あるなし。苟《いやしく》も此数策を断行せば、皇運を挽回し、国勢を拡張し、万国と並行するも、亦敢て難しとせず。伏て願くは公明正大の道理に基き、一大英断を以て天下と更始一新せん。

というものである。慶応三（一八六七）年六月、坂本龍馬が、上洛中の山内容堂に進言するため、藩船夕顔丸で長崎を出港、洋上で参政の後藤に口頭で提示、海援隊士の長岡謙吉が書き留め成文化したといわれている。

在京五十余藩の重臣を二条城に集めて意見を聞いた将軍徳川慶喜は、十月十四日、大政奉還を敢行した。大政を奉還すれば、討幕派の幕府を討つ口実を封じることができるし、朝廷に名をとらせても実権は自分がにぎることができる——そう考えたのである。翌日、朝廷は大政奉還を裁可したが、事態は慶喜が考えていたようには進まなかった。

慶応三（一八六七）年十二月九日、王政復古の詔勅が出され、ただちに薩摩、安芸、越前、尾張の各藩兵が、会津、桑名の兵に代わって宮門の警備についた。摂政、関白、議奏、武家伝奏をはじめ、京都守護職、京都所司代、京都町奉行など幕府の機関がすべて廃止されたからである。そして、総裁、議定、参与という新政府の三職が新任されたが、そこには徳川慶喜の名はなかった。にわかに険悪な空気が流れた。

十一日になって長州軍が入京してくると、幕臣や諸藩兵でごったがえしている二条城は異様な雰囲気に包み込まれた。わずか七、八丁しか離れていない御所と二条城は睨み合って対陣している形になり、新撰組や会津藩士のなかには徒党を組んで出撃しようとする者まで現れる始末だった。

戦禍を避けなければ大政を奉還した意味がなかった。慶喜に宥められた幕臣や諸藩士は、煮えくり返る思いを胸に、二条城に大目付永井尚志《なおゆき》の一隊、伏見奉行所に新撰組を残しただけで、それから数日のあいだに大坂城へと去っていった。

会津藩士で京に残ったのは、目の不自由な山本覚馬ただひとりであった。

王政復古後の朝議は完全に慶喜を無視して行われ、土佐藩主らの反対にもかかわらず、慶喜に辞官、納地を命じることが決定されていた。

大坂城は、蜂の巣をつついたようになった。

江戸から上坂してきた幕臣を加えると、大坂城の兵力は一万五千に膨れあがっていて、数のうえでは五千の討幕軍をはるかに凌駕していた。

辞官、納地について上奏するために上洛の準備をしていた慶喜にも、もはや怒り狂っている家臣たちを抑えることはできなかった。その夜、老中や会津、桑名の重臣たちを集めた慶喜は、激しい口調で入京の準備を命じた。

慶応四(一八六八)年戊辰正月朔日《ついたち》の早朝——林権助に率いられた会津藩士三百のほか、幕臣五百、桑名藩士などの先発隊が淀に向けて出発し、高松、姫路、小浜《おばま》、鳥羽の諸藩兵があとに続いた。

覚馬が最も恐れていた、新たな戦火の幕あけであった。

虹の設計

薩摩軍の大砲が火を噴く

突然とどろいた砲声と吶喊《とっかん》のざわめきにいきりたった栗毛色の馬が、激しくいななないて暴れ出し、鳥羽街道に陣取っている幕府軍の軍勢を蹴散らしながら淀の方角へ走り去っていった。

大目付滝川具知の馬であった。

滝川はその日、京都南郊の赤池に布陣している薩摩軍を相手に、入京のための通行を求めて半刻以上も談判を繰り返していた。

「なりもはん」

軍監椎原小弥太は頑強に拒絶した。軍勢を率いていることがその理由であった。椎原は、辞官納地の相談のため小人数の従者をつれた徳川慶喜が上洛してくるとは教えられていたが、目の前の光景はまるで違っていた。甲冑などの戦装束をつけた兵が数百はいる。

京都伏見の小枝橋の戦い　左側：旧幕府軍、右側：薩摩軍

「なりもはんぞ」

椎原は重ねていった。寒さと緊張のため頬が紅潮している。

「われらは、徳川内府の先陣として朝命により上洛するのだ。そうそうに道をあけられよ」

「おいどんらも、朝命を帯びてこの関門を守っておる。通ることはなりもはんぞ」

どちらも〈朝命〉で応酬した。

しびれを切らした滝川は強行突破を命じた。

「前進せよ」

その号令に重なるように薩摩軍の大砲が火を噴いた。正月三日の夕方、中半刻（五時）ごろのことである。

実地測量を終えて待ちかまえていた薩摩軍の砲弾は、逃げまどう幕府軍めがけて正確に落下した。緒戦で多くの軍勢を失った幕府軍は、戦列を立て直し抜刀して斬り込みをかけたが、たてつづけの銃撃には手の出しようがなかった。空は早くも薄墨色を濃くしていた。どちらからともなく攻撃は中止され、両軍は睨み合いのまま最初の夜を迎えた。

いっぽう、南から京へ入るもうひとつの道、伏見、竹田街道でも、遠雷のような赤池の砲声を合図に、幕府軍と薩長軍のすさまじい戦闘が開始された。幕府軍は伏見奉行所に、薩長軍はわずか二丁北の御香宮《ごこうのみや》に陣取っていた。砲声が聞こえると、伏見奉行所の門がギィと重い軋み音を立てて開いた。

鉢巻をしめた土方歳三が、太刀をさしあげて号令をかけた。

「御香宮をとれェ」

抜刀した新撰組の面々は隊長代理の土方に呼応して、肌を刺すような寒気のなかへ飛び出していった。佐久間象山の一子恪二郎もその中に混じっていた。

薩摩軍は御香宮前の大手筋通に二列の縦隊を待機させて、新撰組を迎え撃った。膝撃ちの前列、つづいて立撃ちの後列が放射する元込め施錠銃は、正確に新撰組の隊士を射貫いた。

夜になるのを待っていたように、薩摩軍の集中砲火をあびて奉行所が燃え上がった。炎はあかあかと宇治川の川面を染め、夜空には赤い雪のような火の粉が無数に舞った。

御香宮の西には、奇兵隊、遊撃隊など農民兵を主力にした長州軍がいた。林権助は砲兵と槍隊を率いると、長州軍の前面へうって出た。砲兵がつぎの弾丸をこめるあいだ、

会津藩の戊申の役戦死者の墓地　左の戊辰之役伏見鳥羽淀会藩戦没者碑には、上段１人目に林権助、３段目中ほどに山本三郎の名前があるが、苔と汚れで判読できなくなっている　（京都市左京区黒谷）

槍隊を繰り出す作戦だった。しかし、藩の内戦で山野を駆けめぐり、実戦で腕を磨いてきた農民兵の動きは機敏で、長州軍の銃隊の前にいたずらに死者を増やすばかりだった。

すでに百人以上の部下が銃弾に斃れ、彼の左腕からもおびただしい血がとくとくと流れていた。

「突っ込めェ」

権助は右手で長州軍を指し示した。同時に二発目が横腹を、三発目が太腿を射貫いた。

大手筋通のど真ん中で仁王立ちになった権助の体に矢継ぎ早に銃弾が命中した。白い顎髭はみるみる赤く染まり、彼の体はガクッと前へ崩れた。

会津軍は宇治川の堤まで後退した。水を一口飲んだ権助は、細く目をあけて小隊長の野沢雞一を呼んだ。

「わしを後送するには及ばぬが、殿に伝えてくれ。負ければ塗炭の苦しみを味わうのみ、ここ伏見を死守されたいとな……」

のちに薩摩藩邸の獄舎で、野沢雞一が覚馬に教えてくれたのだが、このときの林権助の顔は、激しく燃えあがる奉行所の炎を映して、赤いかげろうのなかに静かに浮かんでいるように見えたという。

大坂城炎上

朝廷が仁和寺宮を征討大将軍に任命したことが大坂城に伝えられたのは、一月六日の朝である。

前夜まで、風邪で臥せっている病床から、

「たとえ千騎を失うとも断じて戦い抜け。ここに大坂城があるし、万が一大坂城が落ちようとも江戸城が盤石である。天保山沖には幕府の海軍がひかえ、江戸には旗本八万騎がいる。薩長ごときが勝てる道理がない」

と檄を飛ばしていた徳川慶喜の態度が、この情報で急変した。

「勅命だと、まことか……」

慶喜は熱っぽい体を起こし、声を震わせた。足利尊氏や尊王を唱えながら反逆罪に問われた長州藩主父子のことが脳裡をよぎったのであろう。

「主上への反逆となれば、汚名は史上から消えぬ。どんな犠牲をはらっても、その汚名だけは着てはならない」慶喜は口のなかで呟いた、「江戸へ脱出しよう。しかし、肥後守らを残しておいては戦は終わるまい……」

慶喜は頃合いを見計らって夕刻に病床を出ると、奥の間のお錠口まで行き、小姓に申しつけた。

「肥後守と越中守を、そっとここへ呼べ」

まもなく、容保と弟の定敬がやってきた。

「極秘の用件があるので、ちょっと従いてきてもらいたい」

「ここでなら聞かれぬと存じますが、どういうご用件でしょうか」

容保は首を傾げた。

「後ほど申す」

慶喜はさらに老中や大目付、外国奉行などを呼んだ。みんなは訳がわからないまま、慶喜に従って城門を出た。

天満八軒家に着くと、慶喜は川舟に乗り移った。容保がためらっていると、

「余はこれから江戸へ参る。皆も供をいたせ」

慶喜は強い語調で命じた。

「この戦の最中に江戸へ……、それはどういうことでありましょうか」

容保はあきれ果て、問い詰める口調になった。戦いは、いまが関ヶ原なのだ。この重大なときに江戸城へ戻るとは、逃げるも同然ではないか。容保には慶喜の了見が理解できなかった。

「江戸へ参るのは戦術だ。この大坂にいては真の戦いはできない。江戸へ帰り、徹底した作戦を練るのだ。そのためにいまは一刻を争う。誰にも感づかれてはならんのだ」

「江戸城で再挙するとのお考えなら、お供いたします」

定敬は安堵した顔を容保に向けたが、容保はなおも慶喜にくいさがった。慶喜に断じて戦えと命じられて、将兵たちが勇んで出撃していったのは昨日のことなのだ。

「彼らを残して江戸へ帰るわけにはまいりません」

「そこが大事なところだ。薩長軍に戦うと見せかけて裏をかく作戦なのだ。士卒は、江戸へ着き次第、引き揚げさせる」

無理矢理納得させられた容保たちを乗せた小舟は、やがて舳の提灯をたよりに、何も

見えない暗い夜の海へ漕ぎ出していった。天保山沖には開陽、富士、蟠竜、翔鶴などの幕艦が錨を降ろしていたが暗くてわからず、近くに浮かんでいたアメリカの軍艦で一夜を明かした一行は、七日の朝になって、開陽に乗りかえて江戸へ向かった。

「箱根の関所を塞いで、戦況を逆転してみせる」

開陽の艦上で、慶喜は大見得を切った。

だが、この日朝廷は慶喜追討令を出し、敗残兵の逃れてきた大坂城は大混乱に陥っていた。ようやく帰りついた大坂城に、慶喜たちの姿が見えなかったからだ。士卒たちの戦意は急激に失せ、敗残兵や残っていた部隊は先を争って港へ走り、幕艦に乗り込んだ。船に乗れなかった士卒たちは、紀州路を経由して東へ落ちていった。

長州軍の先陣が大坂城へ到着したのは、その三日後である。長州軍は、目付役妻木多仲から無人の城を受け取ったが、その直後に原因不明の火が出て、大坂城の主な建物は灰になった。二百数十年の栄華を誇った徳川の世が滅びていく前兆のように、火は冬の空を焦がしてえんえんと燃えつづけた。

大坂が薩長軍の手で制圧されると、抗争の舞台はおのずと東へ移っていき、ほぼ正月中に新政府へ忠誠を誓った近畿、西国地方の藩は、東征軍の先鋒となって途中の諸藩をつぎつぎと鎮定しつつ、東海道、東山道、北陸道の諸道から江戸へ向かって進攻していった。

幽囚――薩摩屋敷に捕らえられる

覚馬は、この戦いの最中に薩摩軍に捕らえられた。

伏見方面の会津軍に、代々会津藩元締めを勤めてきた大垣屋清八に手配してもらった糧食を届け、できれば大坂城の藩主に会って、戦力はすでに員数で比較できる時代ではなく、このままでは「朝敵」になってしまうとして、非戦を訴えたいと思っていた。だが、どの道も塞がれていて、山科街道を引き返してきたところを、京の東の蹴上《けあげ》で薩摩軍に誰何《すいか》されたのである。

御所のすぐ北にある薩摩藩邸の、覚馬には見えなかったが、まわりの壁にいくつもの首級が並べてある、薄気味の悪いにわか造りの獄には、数人の先客があった。幕府見回組の波多野小太郎、その下役の遠山専之丞、新撰組の佐久間英明、大垣藩士などである。彼らはまわりの首級に睨まれて、観念したように板の間に座っていた。

畳の間を与えられた覚馬は、正直に、会津藩士山本覚馬だと名乗った。

夜が更けたころ、淵部直右衛門という藩士が、ご家老からの贈り物だといって羽二重

薩摩藩邸跡に建つ同志社大学と正門前の藩邸跡碑（左）

の紋付を持参した。いくらかでも寒さを凌いでもらいたいとの心遣いらしかった。

家老の小松帯刀からだという。禁門の変のあと、西郷隆盛の居る席で一度だけ会ったことがあった。将来の軍制について意見を求められて答えたのだが、いつの日か会津藩と薩摩藩が敵味方に分かれて争うことになるなどとは、そのときは考えもしなかった。淵部直右衛門は晩酌の酒など希望のものを届けたり、ときおりは戦況を知らせてくれたが、幕府軍有利の情報は何ひとつなかった。はじめのうちは信じなかった覚馬も、しばらくして、戦闘で負傷して捕縛されてきた林権助配下だった野沢雞一の口から戦の模様を聞くに及んで、幕府軍の敗北を認めざるを得なくなった。

「薩長軍に錦旗が出て、淀藩が開門しました」傷の痛みに呻きながら野沢はいった、「加えて、八幡の対岸山崎に布陣していた津藩も不意打ちに砲弾の雨を降らせてきて、わが軍は遺憾ながら潰走した模様です」

野沢は震える声で、伏見で砲隊と槍隊を率いていた林権助が重傷を負ったこと、覚馬の弟の三郎が五日、淀方面の戦闘で傷つき大坂へ後送されたことを告げ、悔しそうに唇を噛んだ。後日のことになるが、権助は後送途中の船上で息絶えて水葬され、三郎は後送された江戸芝新銭座の会津藩中屋敷で一月十六日に死去した。権助は六十一歳、三郎は十九歳の若さだった。

「淀藩が開門しただと……」

覚馬は耳を疑った。淀藩といえば徳川譜代の藩であり、だからこそ京坂の交通の要衝に襲封され、当主稲葉正邦は幕府老中の要職にあるのではないか。

しかし、淀城は小さな城である。まわりを取り囲まれてはどうしようもなかったのだろう——覚馬は腕を組み、溜め息をついた。体の中を冷たい風が音もなく吹き抜けていくような思いであった。

ただ一つの救いは、洋学所の世話をしてくれていた時榮が、覚馬が薩摩藩邸の獄に捕らえられていることを大垣屋清八から聞き、大垣屋に薩摩藩にかけあってもらって、世話をするために毎日のように訪ねてきてくれることだった。

徳川処分

底冷えのひどい獄中で高熱と激しい関節の痛みにさいなまれた覚馬だったが、春になって病状が落ち着いてくると、居ても立ってもいられない思いで野沢雞一に口述筆記を頼んだ。

江戸で戦うといって大坂を逃れたにもかかわらず、主戦派の重臣を罷免した慶喜は会津藩主の登城を禁じ、自らは江戸城を出て上野寛永寺に謹慎したという。その江戸に、新政府軍がまもなく進攻するという噂が獄中にも伝わってきた。

「このままでは、また戦になる……」

それだけは避けてほしいという思いを胸に、覚馬は会津藩や桑名藩を弁護したうえで、万国公法にならって公明正大に取り扱ってほしいと、意見書『時勢之儀ニ付拙見申上候書付』をしたためた。

覚馬は、針の先ほどの可能性に期待して薩摩藩主に提出したのだが、結局取り上げられることはなかった。さしたる理由もなく会津藩を〈朝敵〉にし、是が非でも武力で討伐しようとしている薩摩軍に公明正大な取り扱いを望むほうが無理だったのである。

あとから知ったことだが、家老の西郷頼母、国産奉行の河原善左衛門、覚馬などとともに、あくまで非戦、和平を説きつづけた神保修理が二月十三日、三田の藩邸で切腹を命じられ、非業の最期を遂げていた。京坂から江戸へ引き揚げてくる藩士が増えるにつれ、

「修理殿が、将軍と殿に非戦を言上し、江戸への脱出を謀ったそうだ。軍事奉行添役の要職にありながら、何ということだ。彼こそ獅子身中の虫ではないか」

「勝海舟と気脈を通じて、われらを西軍に売る魂胆なのだ。許してはおけぬ」

などという声が上がったという。

彰義隊の墓（上野公園）

修理が藩主の脱出を知っていて、誰よりも早く江戸表へ到着していたというのが、その理由であった。だが、事実は逆で、藩主脱出を知った修理は家老の田中土佐に謀り、何とかして脱出を中止させようと天保山へ走っている。しかし、すでに幕艦の姿はなく、彼は少しずつ沿岸づたいに後を追い、藩主の身を気遣いながら江戸へ辿り着いていたのだ。

江戸へ着いた修理は、田中土佐とともに藩主を救ってほしいという嘆願書をしたため、尾張、加賀、

越前など二十二藩に西軍へのとりなしを頼んだ。

だが、諸藩の反応は冷たく、土佐藩からはとりなしを断ってきた。

修理が切腹した三日後の二月十六日、容保はわずかな家臣に見守られながら、江戸を後に会津若松へ帰っていった。実に七年ぶりの帰郷であった。

覚馬は、無念な思いがしてならなかった。

藩主松平容保は、藩士に謝罪し、自らを罰すればそれでよかったのではないのか。なぜ修理に切腹を命じなければならなかったのか――それだけは、藩主松平容保に聞いてみたい謎であった。

三月十日、会津藩は、ようやく軍制改革を断行した。刀槍中心から銃隊主体の年齢別編成に改めるもので、数え年十八歳から三十五歳までが中核部隊の朱雀隊、三十六歳から四十九歳までが青龍隊、五十歳以上が玄武隊、そして十六、七歳が白虎隊という編成であった。

四月十一日に江戸城が無血開城したあと、それを不満とした幕臣たちは彰義隊に結集して上野の森に立てこもったが、五月十五日には討滅の憂き目にあい、ほどなく、徳川家に七十万石を与え、駿府に移封するという〈徳川処分〉が発表された。これで徳川家との関係は、一応の決着を迎えた。

残るは東北諸藩であった。

獄中で生まれた建白書

例年であれば梅雨が明けてもよい季節なのに、春先のような寒い日が続いていた。悪くすれば飢饉になりそうな気候なのに、このうえ戦争となればどうなるのか——覚馬は暗澹たる思いにかられ、このまま無理押しすれば、新政府軍は大きな犠牲を覚悟しなければなるまいと思った。少なくとも会津藩は徹底した抗戦を続けるに違いない。その光景が覚馬には、はっきりと見えるのだった。

〈政治は利害を以て道理を枉《ま》ぐべからず〉という藩祖保科正之公の〈家訓〉の一条が、会津藩士の胸にはしっかりと根を張っている。彼らの多くは雪国特有の純朴さをもっているがゆえに、いい加減な妥協はできないのだ。

その結果がどうなるにしろ、遅かれ早かれ朝廷を中心にした政治が推し進められていくことは明らかであった。

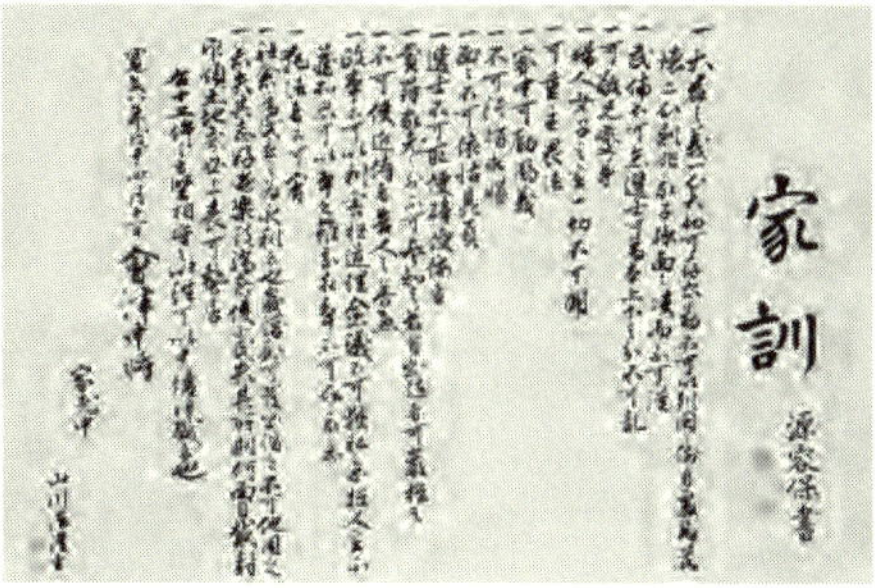
家訓
源容保書

松平容保・山川浩筆「家訓」(福島県立博物館蔵)

そうだとしたら、その日のために自分は何をなし得るのか……。

「そうだ、家訓だ」覚馬は膝を打った、「いまこそ家訓を生かさなければならない」

政治はあくまで公のものでなければならないし、二、三の藩の私利私欲のために行われてはならないのだ。

「これだ」

覚馬は小さく叫ぶと、宝物を探し当てたようなうれしそうな声で野沢雞一を呼んだ。

林権助の配下で、洋学所で英語を学んでいた野沢は、のちに星亨の義弟となる会津藩河沼郡野沢原町村の肝入職松原屋斎藤兵右衛門の八男で、本名を斎藤九八郎といった。十五歳のときに長崎で蘭学を学ぼうと出奔したのだが、姉美濃の夫小林源治郎（のち篠原新八）が守護職配下にいたためそのまま京に留まり、覚馬の洋学所に入門、手が足りないということで運よく会津藩士に登用されたという次第であった。

すっかり傷の癒えた野沢雞一に自分の考えを明かすと、覚馬はさっそくその日から仕事にとりかかった。

覚馬の考えというのは、これから日本の政治を担当する人士たちに新しい国づくりの設計書を書きしるすことであった。いまの動きを見るかぎり、薩摩、長州、土佐などの恣意が政治を歪めていく恐れが多分にあった。したがって、その設計書は同時にまた、世の心ある人々に迎えられることによって、専制政治への〈警世の書〉となるものでなければならなかった。

彼は病後の体に鞭打ち、心血を注ぎこんで、記憶の中から綿をつむぐようにして言葉を繰り出していった。

覚馬の口述を野沢雞一が記録し、区切りのよいところで朗読する。それを覚馬が修正する。加筆、修正、削除、朗読を何度もくりかえすという大変な作業が、来る日も来る日も続けられた。途中からは幕臣の波多野小太郎が浄書の手伝いを申し出、そのうちに十数人の同囚も覚馬に質問したり意見を出したりするようになり、いつの間にか獄全体がさながら熱っぽい塾のような雰囲気に包みこまれていった。

こうして、当局に採用されなければならない配慮から、言葉遣いにも微妙な工夫をし、へりくだって題名を『管見』とつけた二十二項目、一万字に及ぶ建白書は、五月末になってようやく完成をみた。

『管見』――近代国家の設計図

『管見』は、覚馬が眠る間も惜しんで考えぬいたものだけあって、時代の制約による未熟さを残しながらも、そこには三権分立の思想や教育制度の確立、税負担の平均化、職

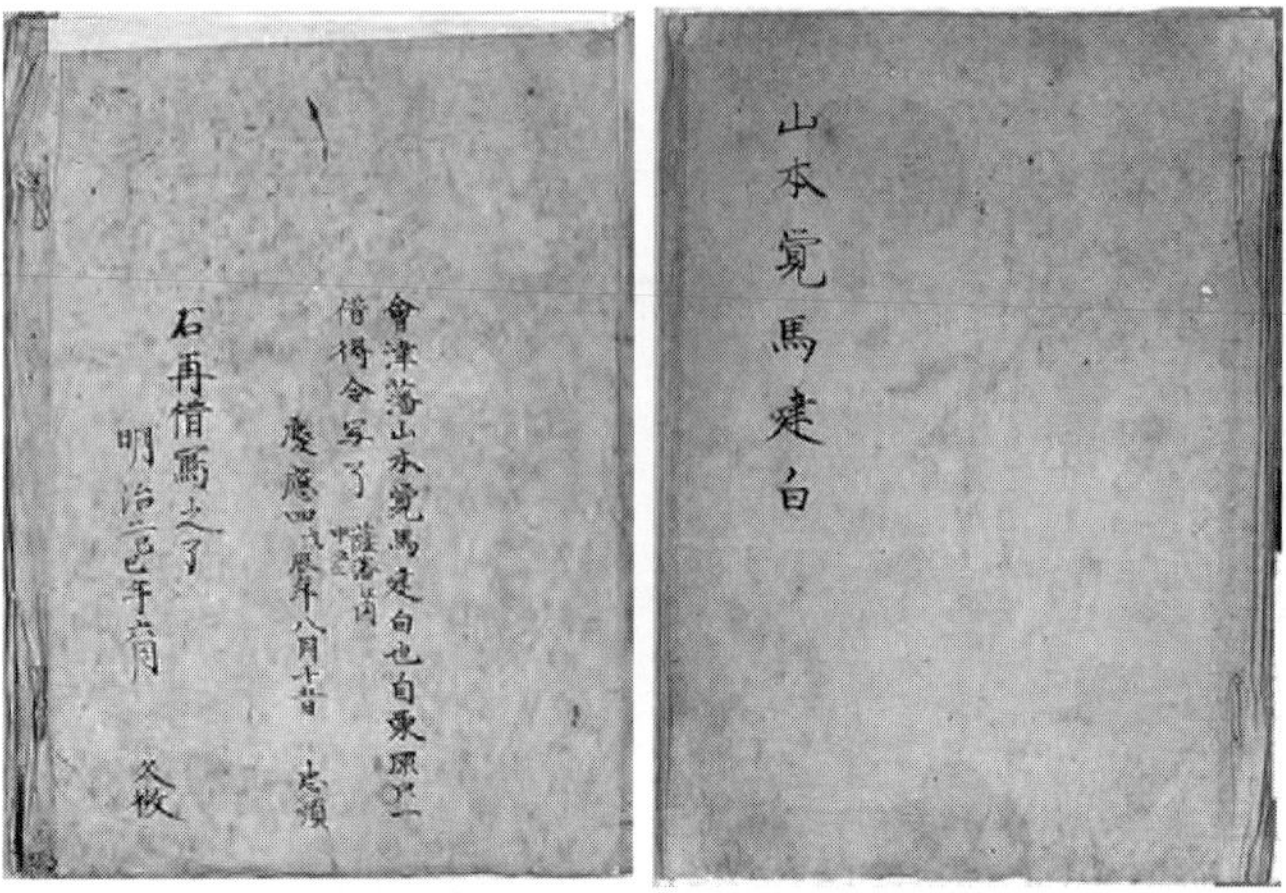

山本覚馬建白の写本（同志社大学図書館蔵）

業選択の自由などといった先見性のある卓越した意見が、あたかも華麗な錦のようにあざやかに織りこまれていた。

彼は先ず、西洋列強が日本を狙っていることにふれて、〈……これを防ぐは確乎不易の国是を立て富強を致すにしかず。国家騒擾の際会に乗ずれば変制も仕易きものにて、おいおい文明の御政体ご施行なるべく、余憂国焦思のあまりかねて愚考の拙口を述ぶ。然るに目が不明、執筆能はざるに依て人を雇ひこれを認む。……〉（原文はカタカナ綴り）と述べ、そのあとに近代国家の具体的な設計図をつづっていた。

小引（まえがき）の最後に、〈慶応四年戊辰五月　山本覚馬〉としるした彼は、改めて最初から朗読してくれるように野沢雞一に頼んだ。野沢のつねになく昂ぶった声は、獄舎の板壁に滲み入るように朗々と流れた。

〈政　体〉王政復古万機一途に出づるについては、……政権はことごとく聖断を待つべき筈なれども、さすればその弊害なきに非ず、よって臣下に権を分つを善とす。臣下のうち議事者は事を出すの権利なく、事を出す者は背法者を罰するの権なく、その三つの中に権一人によることなきを善とす。官爵の権、度重の権、神儒仏の権、議事院の吏長を黜《しりぞ》ける権これは専ら王に帰すべきなり。

つまり〈政体〉では、時代の制約もあり必ずしも十分なものとはいえないが、天皇の許での三権分立について提言している。

以下二十一項目はどれも文語体で長文のものも多いので、主な主張について要点のみを記すことにする。

〈議事院〉国では二つの議事院をたて、大院は公卿や諸公、小院は文明が進むにつれて四民より出すが、当面は朝臣、藩士から選ぶ。小院の議員は、一万石で半人、五万石で一人、十万石で二人、二十万石で三人位で、財産のある人を選ぶ。大

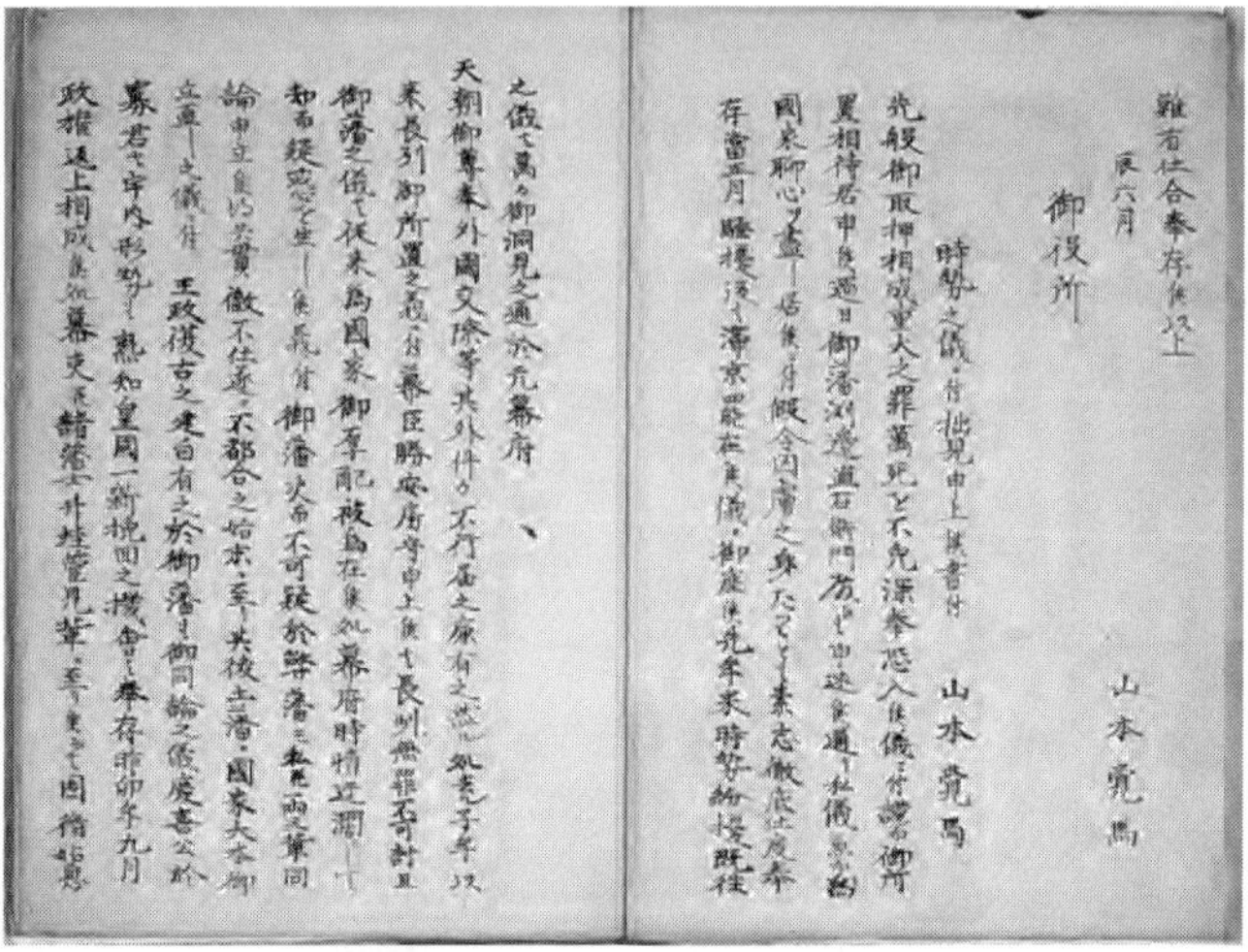

山本覚馬建白の写本（同志社大学図書館蔵）

院の議論は自ずから因循、小院は自ずから果敢、これによって議論は自ずから中庸を得ることができよう。

〈学　校〉わが国を外国と並ぶ文明国にするのは急務なので、先ず人材を教育することが肝要である。京阪や港のあるところに学校を設け、博覧強記の人を置き、無用の古書を廃し、国家有用の書を習わせ、政治、経済、法律、医学などのほか、国際法、修身、理化学、海陸軍など有用な学術を教諭させる。

〈変　制〉新しい制度は、人の天分を

延ばし、生活を向上させるためにあるべきなので、状況に応じてゆっくりと、例えば一カ月にして変、三カ月にして改、あるいは沿習してから定めるといったふうにして進めれば、文明の政治を四境に達することができよう。人を知らずに行うのは、政治の悪弊である。刀剣もおいおい廃止するようにする。

〈国　体〉封建制から郡県制への移行は、禄土をすべて召し上げるのが困難であれば相応の税を納めさせる。職業選択は自由とし、官吏は能力により選ぶこと。徴兵制をとり、兵庫港に海軍所を立てる。農民は負担が大きいので、四民平等に税を負担させる。また、社会への益の有無によって、遊女屋等のように多く取ったり、書店や米、醤油を商う店等は減免して物を廉価で販売させることを提言している。

〈建国術〉富国強兵を進めるため、国の基本として農業よりも貿易を中心に置くべきである。百万石の土地からあがる税はおよそ百万両だが、その金で物を作って売れば二倍にも三倍にもなる。長崎で商売しているオランダ人のボードインの話として、日本に持ってきた資金一万両が商売によって巨額に増え、今は月に十五、六万両もの利益を得ていることを例に出して、通商で民は豊かになり、国は栄え、富国強兵が実現できる、と提言している。

〈製鉄法〉人の暮らしに最も有用な鉄を大量に生産するために官府による製鉄所の早期建設の必要性を、具体的ないくつもの事例や数字をあげて提言している。轆轤《ろくろ》をうまく使って鍋釜を薄くし、煮炊きに使う薪を、一日一軒三本省くことができれば、一千万戸として一日三千万本の薪を節約でき、天地に対して有益であると、ユニークな指摘もしている。

〈貨　幣〉世界に通用する貨幣制度のあり方について、貨幣は融通のものなので円形がよいとし、金銀銅の含有状況を公表して信頼のおける制度にすることや金本位制にすることを提言している。

〈衣　食〉身体強健精神充実のため肉を食べ、毛織物を着ることを勧めている。これからは肉食によって筋骨を健やかにし、気力を養い、人材を育てることが急務である。

〈女　学〉国家を治めるにはよき人材が必要であり、この人材の育成が緊要であるが、これからは婦人にも男子と同じように学ばせるべきである。夫婦とも精神十分の智を尽くせば、その子は親に優りまたその子も親に優り、おいおい俊傑が生まれるのは道理である。子供は婦人と関わることが多いので、賢い婦人が育てるのと愚かな婦人が育てるのでは、その違いは大きい。女姓の沈密な性質に合った学術や有能な者を選んで教育し、才女はさらに教育すべきである。

〈平均法〉長男であれば愚かでも家督を継ぎ、二、三男は賢くてもいたずらに世を過ごすというのは悪弊である。家督は、子供に平等に分与すべきである。

〈醸造法〉米の十五分の一は酒になっているが、僻境では米が不足し、米が高くなっている。米を廉価にするためにも、酒は、米の代わりに麦、葡萄、馬鈴薯などから作るのがよい。また、土器に酒を盛るのは、酒の質を損ないよくないので、西洋の「フラスコ」を用いるべきである。

〈条　約〉兵庫港を開港するについては、淡路島、明石、阿波の鼻トマカ島に砲台を築くべきである。瀬戸内海に軍艦が許可なく出入りするのは規制すべきである。いまのうちにこの規則を作っておかなければ、外国との交渉において葛藤を生じるであろう。

〈軍艦国律〉これからは、軍艦が必要になるが、軍艦は、諸藩が作るのを禁止し、国だけが作るようにするのがよい。いまこの規則を作っておかなければ、後日弊害を生じることになろう。

〈港　制〉兵庫港が開港し貿易が盛んになれば外国人が輻湊するようになるが、横浜のように異人館を造るのはよくない。いまのうちに堀を作って海から舟で自由に往来できるようにすべきである。輸送の労も省け、したがって物価も安くなる。後年になってやろうとするのは難しいなどと、港における外国人の受け入れ態勢の整備について提言している。

〈救　民〉種痘の奨励と性病防止策について提言している。医師に命じて七日目くらいに遊女や遊ぶ男を改め、手当をし、病根を根絶する必要がある。そうすれば人民を救い、人材を育てる一助となろう。

〈髪　制〉断髪にし、髪を結うしきたりを廃止すれば、五百万両の節約になる。すぐにとはいかないので、二十歳以下の者は古風に復し、ほかの者は随意としても、二十年を経ずして昔のようになろう。

〈変仏法〉寺院は四十五万軒あるが、僧の風俗は乱れている。墓守りになってしまった僧侶に実学（語学や算術など）を学ばせて、寺院を学校として開放するのがよい。

〈商　律〉貿易に伴う船の遭難などへの対応として損害保険制度をつくる。負担の方法など、きわめて具体的に述べられている。

〈時　法〉二十四時制にする。

〈暦　法〉閏月があるのは問題である。西洋のように太陽暦を採用し、一年三百六十五日四分度の一と定めて、四年に一度暦をつくれば済むようにする。
〈官　医〉天皇の侍医は漢方ではなく、西洋医学の医師がよい。

実に多岐にわたる項目について、具体的な数字や地理に裏付けられたきわめて独創的な大綱が『管見』にはしるされている。明治元（一八六八）年五月という時代の制約はあるものの、明治の新政はこれによって行われたのではないかと思えるほど、優れた施策にあふれたものだった。坂本龍馬の〈船中八策〉やこの年三月十四日に明治天皇が公卿や諸侯などに示した〈五カ条の御誓文〉と較べても、はるかに具体的、合理的であり、先見性に富んでいることが分かろうというものである。
ちなみに〈五カ条の御誓文〉は、次のとおりである。

一、広く会議を興し万機公論に決すへし
一、上下心を一にして盛に経綸を行ふへし
一、官武一途庶民に至る迄其志を遂げ人心をして倦まさらしめん事を要す
一、旧来の陋習を破り天地の公道に基くへし

一、知識を世界に求め大に皇基を振起すへし

幕末から明治初頭という乱世の時代によくぞこれほどの知識を有し、おそらくは手元に資料もない獄中で、自らの記憶のみを頼りに、詳細な数字を駆使し、正確な地理、地形を土台にした提言が行えたものだと驚くばかりである。

野沢雞一が読み終わると、その場は水を打ったように静まりかえり、しばらくすると騒然となった。獄中の身分ながら、夢の世界を逍遥しているような気分がみんなをうきうきとさせていたのである。

それから二、三日経った六月のはじめ、覚馬は新政府役所へ、表紙をつけた『管見』を差し出した。

ちょうどそのころ、東北では、会津寛典を求める奥羽越列藩同盟三十一藩と新政府軍が全面的な戦闘状態に突入しつつあった。

降伏、開城、滅藩

原因不明の高熱が何日かつづいたあと、覚馬は突然、新政府に接収された仙台藩邸の

【会津戦争記聞】馬上の藩主松平容保の周りに梶原平馬、山川大蔵（後に浩と改名）らが見え、遠方には押し寄せる板垣退助ら新政府軍の姿が描かれている
（福島県立博物館蔵）

病院へ移されることになった。『管見』を提出したことで優遇されることになったのかどうかはわからないが、そこは新政府の幹部級の傷病者を収容している場所であった。

　耳に入ってくる噂は、悲しいことばかりであった。堅塁の聞こえ高かった長岡城も新政府軍の手に落ちた、残るは米沢、仙台、庄内三藩のみ……、会津では五千二百人が鶴ケ城に籠もったそうだ、家督を養嗣子である十三歳の世子喜徳《のぶのり》（慶喜の弟）に譲って謹慎の態度をあらわした容保公に対して、仙台藩に追討を命じたらしい、そして九月に入ると、残る三藩の降伏につづいて、ついに会津藩も降伏、開城したことが伝えられた。

　一カ月にわたる籠城戦では、八重が髪を切って三郎の遺した陣羽織をつけ、男装して、覚馬が長崎から贈ったスペンサー銃を手に夜襲にも出たこと、父の権八が城南一ノ堰の最後の激戦で戦死したこと、西郷頼母の一族二十一人ら二百三十人もの女、子供、老人が国難に殉じたこと、修理の妻神保雪子も自害し果てたこと、白虎隊の若者たちが飯盛山で自刃したことなどを覚馬が知ったのは、ずっと後のことである。

雪解けを待って、西軍の大軍が四境にせまってきた。戦の準備にあわただしい城下を、つぎつぎと将兵が出陣してゆき、非戦を説きつづけた西郷頼母も、ことここにいたっては一戦を交え、時期を見て講和に運ぶほかないと考えながら、白河口の陣頭に立ったという。横山主税をはじめ三百余の戦死者を出して白河城が落ちたのは、五月一日であった。そして、浜通りの棚倉、泉、湯長谷、平が落城、秋田藩の同盟離脱、三春、守山藩の降伏、つづいて二本松、長岡の落城をみるに及んで、ついに国境にまで近づいた西軍は、八月二十日、母成《ぼなり》峠にかかる石筵口から、会津領内へなだれこんできたのである。

八月当時、山本家には会津藩との連絡役だった米沢藩士が駐留していた。もともと米沢藩から砲術修行に訪れていた内藤新一郎が川崎尚之助を師として学んでいた縁もあり、閏四月には開戦必至と、米沢藩は四十三名の米沢藩士を川崎、山本の許に派遣して砲術修行をさせていた。その後、幾人かが会津に残り、米沢藩と会津藩とを繋ぐパイプ役として山本家に寄宿していた。ちなみに父権八は玄武隊の一員として一ノ瀬要人隊に従軍しており不在だった。たぶんに尚之助がその折衝に当たったことであろう。

さて、この戦争の前日、山本家には米沢藩を代表して蔵田熊之助と内藤新一郎、そして小森沢琢蔵（長政）が寄宿していた。（『川崎尚之助と八重』）

この蔵田たちを送り出したあと、尚之助が入城、八重たちが早鐘の音にせかされて入城して、八月二十三日から九月二十二日まで、一カ月間の籠城戦がはじまるのである。優美で、しかも堅塁の聞こえ高かった鶴ケ城も、降伏の日には、小田山からの西軍の砲弾にさらされて、今にも崩れんばかりの無残な姿をさらしていた。

降伏後、城内に残っていた藩士たち三千二百五十四人は、その中には川崎尚之助も含まれていたのだが、猪苗代から信州松代を経て東京の謹慎所へ、城外で戦っていた藩士たち千七百四十二人は塩川を経て越後高田へお預けになり、婦女子と十五歳以下、六十歳以上はお構いなしとして無罪放免された。

川崎尚之助とともに小田山の西軍と大砲を撃ち合った八重が、三の丸の雑物蔵の白壁に向かって、かんざしを手に、

若松城雑物蔵の壁に「明日の夜は何国《いづく》の誰か眺むらむ　なれし御城に残す月かげ」の歌をしるす八重（東海散士『佳人の奇遇』会津城中列婦和歌ヲ残スノ図）

明日の夜は何国《いづく》の誰か眺むらむ
なれし御城に残す月かげ

と刻んだのは、城を出る前夜のことである。

その翌日以降のおよそ三年間、佐久や八重、妻のうらや次女のみねたちがどこで、どのように過ごしたのかは、はっきりとは分からない。知り合いがあれば近郊の農村の片隅で過ごせたであろうし、ない場合は、新政府の指定した「塩川」や「小田付」など、「多くは阿賀川（大川）東岸の越後街道沿いと、米沢上・中・下街道沿いの農家が割り当てられ、間借り生活を余儀なくされた。」

（『時代を駆ける新島八重』）

その年の師走になって発表された東北諸藩の処分の結果、会津藩主松平容保は鳥取藩池田慶徳邸に、世子喜徳は久留米藩有馬慶頼邸に、それぞれ死一等を減じられて永預かりに処せられ、広大な封土は没収された。

滅藩――それは、多くの家臣たちが流浪の民になることを意味していた。どうあがいてみたところでどうすることもできない冷酷な現実を目のまえに突きつけられてみて、覚馬はいまさらのようにひとつの時代が終わりを告げたことを知ったのだった。

京都府顧問

迷ったすえの決断

暖かくなってようやく病状の回復した覚馬のもとに、軍務官役所に出仕するようにとの知らせが届いたのは、明治二（一八六九）年三月の中旬である。

公卿の岩倉具視が何の前触れもなく覚馬を訪ねてきたのは、厳寒の頃であった。

「そなたが、山本覚馬というご仁か」病室の片隅にある火鉢の炭火で手を炙りながら、岩倉は親しげに話しかけた、「そなたを江戸へ帰したら、新政府は甚大な被害を蒙むることになるだろうと西郷隆盛がいうておったので、こうして京にとどまってもらっているが、読ませてもらった『管見』はなかなかのものだ。日本のこれからのことが、みんなここに書いてある。どうかな、新政府に仕えてみる気はござらぬか。会津どのには気の毒なことになったが、せめて、そなた一人でも新政府の仕事をしてもらったらどうかと、わしは考えておるんだがね」

東北は平定したものの、幕臣の榎本武揚軍が蝦夷地を占領しており、そのためにかなりの人材を割かなければならない状態にあった新政府では、民生を手がける人材が極度に不足していたのである。

出仕すれば、『管見』で描いた新しい日本の設計図のなにがしかを現実のものにすることができるかもしれない。それは、闇に虹をかけるような仕事だ――誘惑に負けそうな思いがしたが、覚馬は反対のことを口にしていた。

「ありがたいお申し出ですが、ご覧のとおり不自由な身でございますので、東京への出仕は断じてご勘弁ねがいあげます」

「まあ、そう急がずに、ごゆるりと考えられよ。東京ではなく京都で出仕してもらうという手もある。それとも、いつまでも虜囚でいられるおつもりかな、ははは……」

岩倉は半ば恫喝するようにいいながら、去っていったのだった。

それから二カ月、すっかり忘れた頃になっての呼び出しであった。

軍務官役所は元の京都守護職屋敷に置かれていた。

覚馬の仕事は、海陸軍の基本問題について教諭の一人として教鞭をとるかたわら、翌年四月に中央政府から京都府に移管されることになっている勧業事業の顧問をつとめることであった。

赦免されて軍務官役所の近くに宿舎を定めた覚馬は、目が見えなくなっていたから、この頃にはのちに後妻となる小田時榮と同居し、身の回りの世話を受けはじめたのではないだろうか。時榮は、十五、六歳であった。

自らの手で焼け野原にしてしまった京都である。新政府へのこだわりは無論あったが、元通りの町を復興させることができるならば、自分を無にしてもよいのではないかと覚馬は思った。

『管見』で開陳した設計図をこの京都で実現させせよう。そうすればいつの日か、自分の考えている新しい政治を日本中に広げることができるにちがいない――政敵会津人でありながら、覚馬が明治の国政や京都府政に参画して新しい施策の実施に力を注いだのは、とりもなおさず、藩主をはじめすべての者が誠を尽くしたにもかかわらず〈朝敵〉の汚名を着せられ、理不尽にも流浪の民となる以外に道のなかったふるさと会津の人々のうえにもあまねく光が当たることを願っての、覚馬らしい、迷いに迷ったすえの決断であった。

覚馬が軍務官役所へ出仕した頃には、野沢雞一も許されて自由の身となり、折よくドイツから帰国し、和歌山兵学寮で洋学を教授することになった小松済治に従いて、和歌山へ旅立っていった。藩の蘭学所で覚馬や川崎尚之助が教えたことのある小松済治は、長崎で医学を学んだあと、カール・レーマンの助力もあって、ドイツで法律を学んで帰国したところであった。覚馬は小松に野沢雞一を託したのである。（田崎公司「星亭の時代」）

京都市中では小学校建設の槌音が響いている最中で、五月二十一日には日本最初の小学校、上京二十七番組（柳池）小学校が開校している。のちに第二代京都府知事となる長州藩出身の槇村正直が、熱心に新しい施策に取り組んでいるだけあって、やがて市中だけで六十四もの小学校が建設されていく。

その年に再興が許された三万石の斗南《となみ》藩は、本州の最北端、極寒の地で、実質七千石から一万石という貧しい土地柄だといわれていたが、会津の人々の拠るべき土地ができたことは喜ぶべきことではあった。

急がなければ、急いで極寒の地で暮らす人たちの暮らしに役立つ施策を実らせていかなければ……——覚馬はあらためて『管見』で描いた設計図の一日も早い実現をめざそうと思うのであった。

産業基立金十万両

天皇が東京へ向かってからの京都は、七万あった戸数が六万に減るなど衰退の一途をたどっていて、御所のなかも公卿家の空き家が目立ち、荒れ放題になっていた。そこへ皇后までが京都を離れるという噂が口伝えに広がっていた。

そうなれば、京都はほんとうに東京に都の座を奪われてしまう——そんな不安が市民の心をとらえ、京都府の必死の鎮撫説得にもかかわらず、御所のまわりには、連日、数千の市民が集まるようになっていた。

「天皇さんはいったん京都へもどってきはったけど、また東京へ行ってしまわはった、このままでは都を東京にとられてしまうのんとちがうか」

大勢の市民がお百度を踏み、まさに暴動寸前の状態であった。

新政府は、暴動を回避するため洛中の地子銭（地租）を免除し、貯蔵米一万石を下賜、さらに府民の新政府への信頼をつなぎ止めようと、京都府の殖産興業策を後押しする産業基立金十万両の下付を決めた。明治三年三月のことである。

この十万両が、そしてのちに政府から借り出した勧業基立金十五万両と合わせた二十五万両が、覚馬が描いた新しい時代の設計図を京都府で実現していくための原資になるのである。

京都府への出仕

槙村正直が兵部省へ覚馬を訪ねてきたのは、産業基立金の下付と洛中地子銭免除などの決定があってまもなくの、明治三（一八七〇）年三月二十日すぎである。

長身の槙村はつかつかと教官室に入ってくると、覚馬の前に無造作に座った。

「山本さん、あなたを京都府で雇いたいと思うが、異存はありませんな」

目の前に光はないが、槙村がどういう表情で座っているか、覚馬にはおおよその見当がついた。まわりに人なきがごとき傲慢な態度、見下げた物言い——それは、府の施策について意見を求められたときをはじめ何度かあったことである。しかし、覚馬は許してきた。華族知事長谷信篤のもとにあって、若手ながらかなりの実力をもち、小学校建設などの新しい事業を着実に成し遂げていく才腕に、彼は自分の夢——京都の復興を託せそうな気がしていたからだ。

槙村正直
（同志社社史資料センター蔵）

だが、この日、覚馬は胸の底にわだかまるものを覚えた。ただ事業が進んでいきさえすればよいのか。否——覚馬は、やおら顔を上げた。

「槙村さん、あなた、頼みにこられたのですかな、それとも私を力ずくでもしょっ引いていこうというのですか」

「むろん、頼みにまいったのだ」

「頼みにきた――ならば、それなりのお言葉をいただきましょう。あなたは木戸孝允殿の懐刀であり、京都府御庁の重鎮であられる。それにひきかえ私は亡国会津の人間だ。しかし、いまそのことは関係ありますまい」

槙村は一瞬言葉を失ったようだったが、やがて、丁寧な言葉遣いになって覚馬の手を握った。

「これは一本取られましたな。もうその先はいわないでもらいましょう。山本さん、この際ぜひとも顧問として府のほうへ出仕してもらいたいのです。じつは……」

槙村には、困り抜いている事情があった。

京都府はこの年、東洞院六角南に物産引立会社を開設し、製茶、製陶などの地域産業や交通貿易の振興を図ろうとしていたのだが、悲しいかな、諸産業を勧奨するにも海外の事情にくわしい人材がなかった。そこで、『管見』を書いた覚馬に白羽の矢が立てられたのである。覚馬の識見にいち早く注目し、府での採用を勧めたのは、槙村の上席に座っていた大参事の河田佐久馬（のち景与、因州藩士）であった。覚馬の採用は、京都府にとっては至上命令だったのである。

「そういうわけなのです、山本さん」

しばらく黙考したあと、覚馬は答えた。

「京都の町を焼け野原にしたあなたがた長州と会津は、その復興のためにとりわけ大きな努力を払わなければならない。あなたが真底からそのおつもりなら、私もできるかぎりのお手伝いをしましょう。ただ……」

太政官の許可が下りるかどうか懸念している、と覚馬はいった。というのは、兵部大輔大村益次郎が刺殺された直後であり、人材を確保するために、兵部省でも覚馬を正式に雇用する手続きを進めていたからである。

「分かりました。私なりに力の限りを尽くしてみましょう」

槇村はそういって帰っていったが、三月二十八日に、山本覚馬を必要としている差し迫った理由をしたためた伺書を太政官の弁官宛てに出すとともに、約束どおり精力的に兵部省に働きかけた。

この結果、四月十四日、太政官の許可が下り、覚馬は京都府に移ることになった。力を入れた人事だっただけに、槇村正直はうれしそうだった。辞令を受け取った覚馬を自室に招じ入れると、槇村は頼むようにいった。

「山本さん、私宅の隣に手頃な家が空いているのですが、そちらへお移りになりませんか」

勤め先の近くに住居が確保できるのは、目の不自由な覚馬には願ってもないことであった。

槙村の話では、その家は、徳川慶喜の愛妾の父親で江戸の町火消し新門辰五郎が、しばらく住んでいた家だそうで、敷地百坪、台所ともに五室あり、北側は槙村の屋敷に続いていた。それが三十六円で手に入るという。府顧問として月三十円支給される覚馬にとっては、ずいぶん安い買物であった。

数日後、覚馬は時榮とともに、大垣屋清八に手伝ってもらって、河原町御池を下がったところにあるこの家へ移り住んだ。西側に本能寺の境内がひらけ、東へ少し歩けば鴨川が流れている。このうえない立地条件であった。

裏木戸を開ければ気軽に往来することができるので、とくに用件がなくても、槙村は三日に明けず覚馬を訪ねてきた。たまには覚馬が訪ねてゆくこともあり、まるで仕事場が家の中にまで拡がってきた格好であった。

京都府立総合資料館に残されている『官員進退録』によると、覚馬は、「十等官員之取扱」「月給三十円差遣候」という処遇で、この頃には「河原町三条上ル」「下丸屋町」に住んで

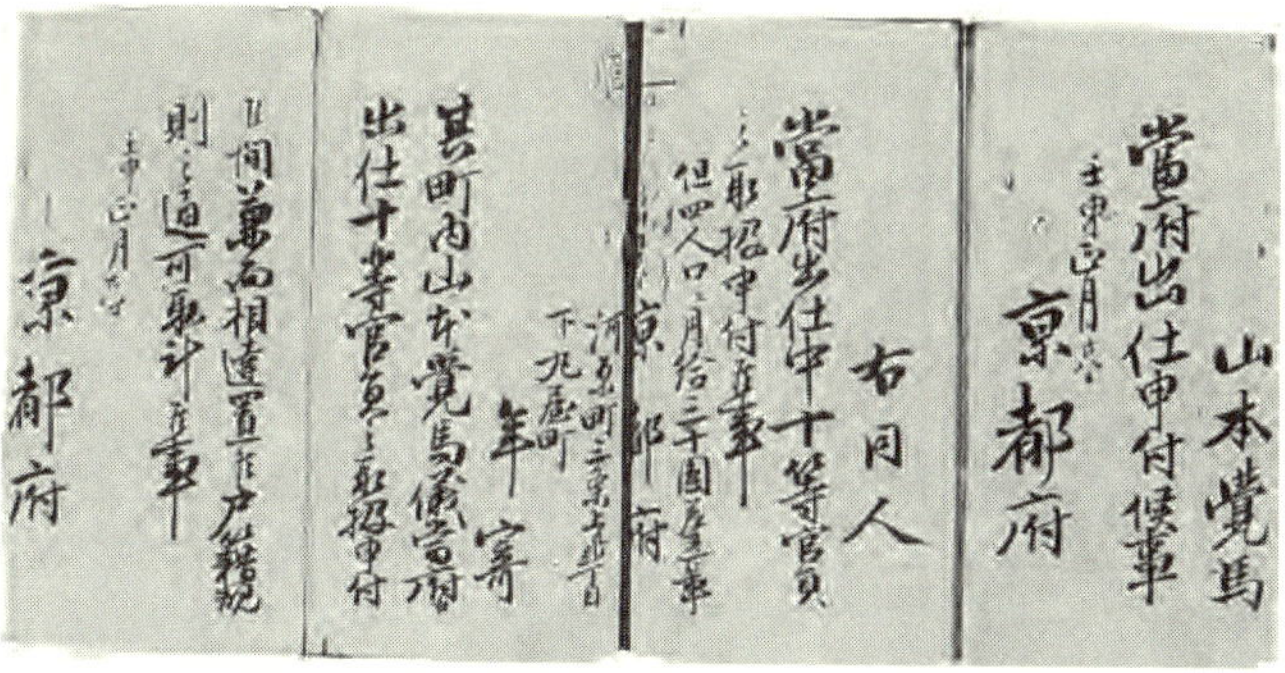

山本覚馬
當府出仕申付候事
京都府

右同人
當府出仕中十等官員
京都府

京都府

「官員進退録」にある山本覚馬の採用辞令（京都府立総合資料館蔵）

いたことが知られる。明治十二年に上京、下京という行政区ができたときの区長の月給が四十円だったということを考えると、覚馬の処遇が相当なものだったことが分かる。

長州出身の槇村正直は天保五（一八三四）年生まれで、この頃は三十六歳という男盛り、覚馬より七歳年少であった。生家は山口毛利家の直臣ではあったが、わずか八石八斗の微禄の士で、父は羽仁政純、次男だったから十九歳で槇村満俊の養子になり、慶応元年に家督を継いだ。禁門の変や藩内の争いで多くの有能な人材を失って、長州藩が最も苦境にあった時期に頭角をあらわした彼は、慶応三年二月に藩の右筆役にのぼり、明治元年九月に議政官史官試補に任じられて、京都府に出仕していた。それからわずか二年半ほどの間に、新政府の古都復興を担う人材として知事、権知事、大参事に次ぐ権大参事のポストにまで出世していた。古都の大半を焼き尽くした長州藩への町衆のわだかまりは深いものがあった。それをやわらげていくことが、槙村の手腕に託されていたのである。

覚馬は、実力者の槙村に、二つのことを依頼した。栗原唯一とのつながりで洋学所にも顔を出していた明石博高を舎密局や勧業場の主幹として迎えてもらいたいことと、行方が分からなくなっている家族を探してほしいこと、である。

勝海舟を訪ねたときに紹介された津和野藩の、オランダ帰りだという西周が更雀寺で開いた塾へ一緒に講義を聴きに行って以来会っていないが、明石博高が来てくれれば、どんどん仕事を進められるだろう、と覚馬は思った。

その明石博高が姿を見せたのは、一カ月ばかり後のことである。

慶応のはじめから、著名な医師新宮涼閣、涼民らと京都医学研究会や理化薬研究会を開いていた彼は、鳥羽伏見の戦いが始まると、いち早く戦傷病者の手当にあたり、師の錦小路頼言卿に建議して上申書を太政官に提出、御所内の施薬院に病院をつくった。その後、大阪の浪華病院へ薬局主任として招かれ、蘭医クンラート・ウォルトン・ハラタマやアントニウス・ボードインに近代医学を学ぶかたわら、大阪舎密局でもハラタマ教授の伝習生となって新しい化学知識を学んでいた。

長崎で会ったハラタマやボードインの名前を、覚馬はなつかしく聞いた。京都の家で身重の妻をかかえているので、いまは京、大阪を行ったり来たりの生活だという。

京都府への出仕を応諾した明石の最初の仕事は、覚馬も『管見』の〈救民〉の項にボードインから聞いたこととして書いた検黴所を祇園に設置することであった。検黴所は、祇園一力の主人杉浦治郎右衛門の協力もあって、紆余曲折のすえではあるが、やがて完成をみる。

地の果て・斗南の地

生後五カ月の容保の実子容大《かたひろ》（慶三郎）に家名の再興が許されたのは、明治二（一八六九）年十一月のことである。下北半島の三万石と北海道の四郡を合わせた〈斗南藩〉で、実質は七千石ともいわれた。

会津藩には本領二十三万石の他に五万石以上の預かり地があったので、十分の一以下、実質的には二十五分の一に減知された荒蕪地に、翌年五月から、四千戸以上あった藩士のうち二千八百戸の藩士と家族一万七千人の移住が行われた。会津に残るもの二百十戸、農商に従事するもの五百戸、東京などに向かうもの三百戸、北海道に赴くものが二百戸で、佐久や八重、うらとみねたち一家は、会津に残ることを選択している。
ただ一つの希望であった新天地〈斗南〉をめざした藩士と家族を待ち受けていたものは、果たして何だったのか……。

そこに待っていたのは筆舌に尽しがたい、悲惨な生活であった。それは後年陸軍大将になった同藩士柴五郎が、その遺書（石光真人編著『ある明治人の記録』昭和46・5、中公新書）の中で、――

〈この境遇が、お家復興を許された寛大なる恩典なりや、生き残れる藩士たち一同、江戸の収容所にありしとき、会津に対する変らざる聖慮の賜物なりと、泣いて悦びしは、このことなりしか。何たることぞ、はばからず申せば、この様はお家復興にあらず、恩典にもあらず、まこと流罪にほかならず、挙藩流罪という史上かつてなき極刑にあらざるか〉

と悲憤の涙を流した汚辱の生活だった。

ところが、その斗南藩も翌明治四（一八七一）年七月には、〈廃藩置県〉となって、歴史上からその姿を消すのである。藩主容大をはじめ、そのころには斗南藩預けとなっていた容保・喜徳の旧藩主も東京に引き揚げて行き、斗南藩の改称された斗南県は、同年九月に弘前県に、さらに弘前県は十一月に青森県に吸収され、中央から派遣された官選知事が赴任してきた。もはや藩士たちの生きる拠りどころとなっていた藩主とのきずなは断ち切られたわけで、それをきっかけとして藩士たちの離散があいついだ。しかもその離散には〈敗者〉としての貧窮との戦いだけでなく、〈朝敵〉という、いわれなき烙印を背に負わされていた。（綱淵謙錠「永岡慶之助『斗南藩子弟記』解説」）

実際にどんな暮らしだったのか。同じ柴五郎の遺書から、彼がまだ少年だったころの暮らしぶりを紹介しておこう。

餓死と凍死をどうにかまぬがれ、雪どけのころとなった。猟師が撃ったまま捨てていった犬の死体を手に入れた柴家では、その日から毎日犬の肉を食した。塩で煮ただけのかたい肉を食べつづけて、ついにのどを通らなくなり、吐き気をもよおすまでになった。このようすをみた父は、語気荒く五郎をしかる。

「武士の子たることを忘れしか。戦場にありて兵糧なければ、犬猫たりともこれを食らいて戦うものぞ。ことに今回は賊軍に追われて辺地にきたれるなり。会津の武士ども餓死して果てたるよと、薩長の下郎どもに笑わるるは、のちの世までの恥辱なり。ここは戦場なるぞ、会津の国辱雪《そそ》ぐまでは戦場なるぞ」

いつにない父の怒りにふれて、五郎は口にふくんだ犬肉のかたまりをのみこんだ。

「いつしか乞食のような境遇になれて敗残者の小伜になり下がれる自らを哀れと思えり」

と五郎翁は回想する。


凄惨としかいいようのない暮らしである。

この頃、川崎尚之助も斗南にいた。新政府からの米の支給はないに等しく、犬猫に等しい藩士たちの暮らしぶりを目にした尚之助は、米のとれない斗南の地に、何とかして米を届けてあげたいと、思ったようである。暮らしが立つようにしてから、八重たちを迎えたいという思いもあったのかも知れない。

明治三(一八七〇)年の年が明けると、旧会津藩士の謹慎が解かれ、春以降には藩士たちが続々と斗南をめざすようになった。尚之助もその年の十月初旬に野辺地港に着き、田《た》名部《なぶ》へ向かった。

尚之助はここで、柴五郎の兄で斗南藩開産掛の上司となる柴太一郎と出会う。

二人は函館に渡り、不足している米を仕入れたいと、斗南藩商法掛を自称する米座《よねくら》省三という人物を仲に立てて、デンマーク国商人デュースと先物の大豆（二千五百石）を提供して外米（十五万斤＝千五百俵）を買うという先物取引契約を結んだ。ところが、

同年十二月十九日、広東米を受け取るべく、米手形を出そうとしたところ、米手形がない。調べてみると米座がイギリスの商社、ブラキストン商会に預けていることを知ったのだ。そこで米手形を取り出すことにしたが、まずは借用証を書けという。米手形がほしい川崎は米座とともに署名して、翌二十日、手形を出そうとするとそのブラキストン（Blakiston）が拒否したのだ。理由はブラキストンに米座が二百五十両の借金をしており、それの支払いがない限り手形は渡せないというのだ。

この時点でようやく川崎は米座に騙されたことを知った。すでに米座は逃亡していた。……米座は斗南藩士でもなんでもない。一介の出入商人だったことが判明したのだ。（『川崎尚之助と八重』）

こうして、尚之助は開拓使へブラキストンを訴え、デュースは詐欺罪として米座省三、川崎尚之助、柴太一郎を訴えるという複雑な裁判事件に発展する。

いろいろな経過ののち、藩から県となった斗南県は、事件は三人が起こしたもので、県

は一切関係ないと、尚之助たちを切り捨てた。契約に至る過程で藩との行き違いがあったこともあり、胸に去来する思いはあったが、尚之助は、裁判では県の主張に沿って男らしく一切の罪を背負い、会津人以上の会津藩士として、その後の苦難の人生を生きた。

殖産興業策はじまる

相国寺門前町の薩摩藩邸跡五千八百坪が五百両で売りに出ているという噂を耳にしたのは、この頃のことである。覚馬は大急ぎで、時栄を大垣屋を継いでいる養子の大沢善助のもとへ走らせた。いつかの日のために買っておきたいと思ったのだ。

善助は、気持ちよく承知し、数日後、五百両を持参してくれた大沢善助に、覚馬はできあがったばかりの『京都府施政ノ大綱ニ関スル建白書』の素案を見せた。そこには、

一、京都市中ヲ挙テ職業街トシ、追年、諸器械ヲ布列シ専ラ物ヲ興隆ス可キ事
二、尽ク無用ノ地ヲ開イテ地産ヲ盛ンニス可キ事
三、水理ヲ通シ道路ヲ開キ運輸ヲ便ニシテ、以テ商法ヲ弘大ニス可キ事
四、職業教授ヲ開キ遊民ヲ駆テ、職業ニ基カシムル事
五、広ク海外ノ形勢ヲ示シテ人智ヲ発明スル事

という五つの京都復興策が、具体的な施策を含めて列記されていた。

こうした施策をすすめていくうえで、きっと役に立つときがくると考えて、覚馬は大沢善助に無理をいったのである。

ちょうどその頃、藩校で一緒に仕事をしたことのある南摩綱紀が、越後高田での謹慎を解かれ横曾根という村で私塾を開いていたところ、旧淀藩の学校で教えてほしいという話があって、京都へ出てきた。南摩綱紀は、のちに太政官、文部省を経て、東京帝国大学や東京高等師範学校の教授になる有能な人材であった。京都へ来てはじめて覚馬が府の顧問になっていることを知ったのだという。

「日本初の中学校を立ち上げようとしているところなんですよ。ぜひとも手伝ってもらいたいんですが……」

「そうか、日本初の中学校か……」

心を動かされた綱紀は、覚馬のほうで旧淀藩と話をつけるという条件で、中学校の開設を手伝ってくれることになった。

次は舎密局と勧業場である。

カール・レーマンが大阪の川口居留地で川蒸気船を作っているという噂を耳にした覚馬は、できるだけ優秀な人材を送ってくれるよう折衝してほしいと、明石博高に依頼した。『山本覚馬伝』には、舎密局は、明治三（一八七〇）年十二月に長州屋敷跡にできたもので、「そこで理化学を講義して京都人に科学思想を植えつけると同時にシャボン、ラムネ、リモナーゼその他の文明開化の賜物を市民に享楽させ、実証によって市民を新文化に猛進させた功績は偉大なものであった」と書かれている。

また勧業場は、明治四年二月、同じ場所に作られたもので、府の勧業課もそこにおき、「貿易の奨励、物産の陳列、資金の融通、その他新事業の企画、監督など一切の産業上の事務をとった。……集産場、授産場、栽培試験所などもこれを中心に経営」したという。

京都博覧会は、豪商三井八郎右衛門、小野善助、熊井久右衛門が発起人となって明治四年十月から西本願寺を舞台に開催されたもので、古都の産業振興を図るうえで大きな役割を果たした。ただ、この年のプレ博覧会は古物の展覧が中心で、特産物などの販売促進をめざした本格的な博覧会は、明治五（一八七二）年の第一回からとなる。

佐久、八重、みねの上洛

時榮が女児を産んだのは、その頃のことである。会津にはうらがいるから、時榮はむろん愛妾であった。身ごもったことを知ったとき、困ったことになったと思ったが、自分で播いた種である以上、背負って歩いていくしかなかった。もしもうらが京都へ出てくれば、この家からは出すつもりだった。

生まれた女児を、覚馬は久榮と名づけた。苦難のつづいた山本の家が久しく栄えてゆくようにとの願いをこめたのである。

その頃、八重たちは米沢県管内第四区番正町四四番の内藤新一郎方に出稼ぎに出ていた。籠城戦に入る前日まで、尚之助に砲術を習いにきていた米沢藩士の家である。御螺吹《かいぶき》職で四石一人扶持という微禄だった内藤家は決して楽な暮らし向きではなかったようなので、八重たちは手に覚えのある機織りなどで生計を支えたのではないかと思われる。

八重たちが米沢にいたのは、明治三年閏十月から四年九月三日までである。米沢を出立する二カ月位前に、京都の覚馬から上洛を促す便りがきて、一家は上洛の準備に入るが、覚馬が若い女と一緒に暮らしているらしいといった噂が伝わっていたのか、うらは離婚して斗南へ向かうといって譲らなかった。

上洛するようにとの覚馬の便りが、誰によって、どのように伝えられたのかは、よく分からない。米沢で発見された八重、佐久連名の米沢県宛て通行手形発行願と内藤の添書の内容から、「京都にいる兄山本覚馬から京都に来るよう連絡があった、覚馬の妻うらは離縁となり斗南に行った、残る山本家の四人（佐久の祖父良久の娘がこの頃までは一緒だったようだが、京都には到着していない）が明治四年九月三日に京都へ向かった」ことが分かるのみである。

ようやく行方のわかった母の佐久と妹の八重、九歳になった次女のみねが上洛し、江戸の火消し新門辰五郎が住んでいたという覚馬の家にやってきたのは、その年明治四（一八七一）年の十月下旬であった。上洛せず、離婚を求めて斗南に向かったという妻うらは、斗南へ行ったことは確かなようだが（『時代を駆ける新島八重』）、その後の消息はまったく不明である。

三人が到着すると、覚馬は這うようにして玄関へ迎えに出た。

「母上、遠いところをよくおいでなされた」

「覚馬……」

佐久は絶句した。

目が見えぬうえに足までが弱っているらしい覚馬の姿に、いうべき言葉が見つからないようだった。

代わって八重が、覚馬が上洛してからの家族のことを語った。

「兄上、みねも一緒にまいりました。九歳になります」

「そうか、大きゅうなったのう」

みねの髪の毛を両手で包み込むように撫でながら、覚馬は目を細めた。

「ところで、うらはどこにいる……」

八重は佐久と顔を見合わせたが、いずれは告げなければならないことだと、八重が事実を語った。

「城ごもりの戦とはさぞ惨いことであったろうな。そうか、父上も討ち死になされ、尚之助殿も去られたのか。そして、うらも……」

覚馬は天を仰ぎ、そばに立っている時榮と久榮を紹介した。

時榮は、家が近く兄が御所勤めだったこともあって、御所の近くで開いていた洋学所へ、大勢人が集まるときなどに湯茶の接待にきてくれていたが、禁門の変で目を負傷したあとは、そばの宿舎で身のまわりの世話をしてもらうようになった、鳥羽伏見の戦いのあと、薩摩屋敷に捕らえられてからは、牢にまで出入りして介添えの役を果たしてくれた——

覚馬は静かに話した。

「世の中が変わって、私が新しい仕事に就くことができたのも、時榮が私の目となり足

覚馬の娘・久榮
（同志社社史資料センター蔵）

となって働いてくれたからだ」覚馬は、瞑目して続けた、「しかし、久榮が生まれたのは、あくまで私のわがままだ。まだ若い時榮には探せばいくらでも嫁ぎ先はあったろうに、こんな結果になってしまった。だから、母上も八重も、どうか時榮を責めないでやってほしい。もし、うらが上洛すれば、本人もこの家を出ていくといっていたのですから」

久榮を抱いた時榮は、黙って頭を下げた。

覚馬が話しているあいだ、時榮を睨みつけるような目で見ていた佐久がいった。

「覚馬がそういうのなら、これまで世話をしてくれたことに免じて、時榮さんとやらを責めはすまい。しかし、止むに止まれず斗南へ向かったうらの気持ちを察すれば、時榮さんとやらを覚馬の嫁と認めるわけにはまいりませんぞ」

「はい。一緒に暮らすのを黙って見ていただければ、それで結構ですよ」

覚馬は、かすかに微笑を浮かべた。

覚馬とうらの離婚については、『山本覚馬伝』に「維新の大変革にあったとき、正妻は遠く隔てた京都へ移住することを好まないといって、離婚を求めたので、離別した」と書かれているのみで、うらが斗南へ向かった理由も、その後の消息についても書かれていない。離婚の真相はいまも謎のままである。

それからの日々、覚馬は毎日毎晩、時間があると、くりかえしくりかえし八重に籠城戦のことを尋ねた。思い出すのも辛いことだったので、八重は、涙を流しながら語ることもあった。

三人の暮らしがどうにか落ち着いたころ、覚馬のすぐ下の妹で八重の姉、窪田うら親子が上洛してきた。

英文の『京都案内』

長崎で会ったカールの弟ルドルフ・レーマンが上洛してきたのは、その直後のことで、河原町二条下る旧角倉邸に開設した洋学舎独逸学校の教授を勤めるかたわら、産業振興の仕事をはじめた。京都におけるお雇い外国人第一号である。

ルドルフ・レーマンは、北ドイツのオルデンブルクの生まれで二十八歳、バーデン州のカルルスルーへ工業大学で学び、建築、機械、土木、造船などの技術に熟達していて、ドイツ語と英語に通じ、片言の日本語を話した。

脊髄損傷のため、この頃には覚馬の足はほとんど立たなくなっていた。目につづいて、足までが不自由になってしまったのだ。

見るに見かねて、ルドルフ・レーマンが車椅子を試作してくれた。覚馬は車椅子に身をゆだねながら、あちこちの現場を見てまわった。

洋学舎内に住んでいるルドルフ・レーマンは、羅卒と番犬に守られながら、ときどき覚馬を訪ねてきた。覚馬が日本語を教え、ルドルフが英語を教えるためであった。


明治五(一八七二)年が明けてしばらく経ったある日、八重は覚馬に、近くの長州屋敷跡にできた勧業場へ連れていかれた。

のちに京都陶器株式会社の支配人になり、京都市選出の衆議院議員になる丹羽圭介の妹だという人と二人を前にして、覚馬は半紙に墨書した横文字の文章を見せ、

「これから、英語の京都案内を作ってもらいたい」

突然、そういいだした。

「ええっ」

八重は驚いて声を上げた。英語のえの字も知らないのである。

「そう驚くな。作るのは印刷輪転機という機械で、ルドルフがすでに組み立てている。お前さんたちは……」

覚馬は、半紙より少し小さめの薄い小箱と、英字を裏向きに浮き彫りにした金属片が一杯詰まった重い箱を持ってこさせると、続けた、

「裏向きなので難しいかも知れぬが、私が書いた英字のとおりにこの活字を拾って、右側から並べてもらいたい」

二人は無言で活字なるものを見つめ、ゆっくりと手を伸ばした。

「さあ、やってみてくれ。あとで、丹羽圭介君に確認してもらうから、間違いはおそれなくてよい」

二人はそれらしい活字を拾い出しては、薄い木箱に右側から並べていった。日本初の英字の植字工といってよい。

どれくらいの時間が経ったのか、一頁分を拾い終わったときには、すっかり肩が凝っていた。活字を拾い終わると、裏向きの活字を頁ごとに組み上げていく仕事が待っていた。

組み上げが終わると丹羽圭介がやってきて、印刷輪転機のある部屋へ運んでいった。

薄い木箱に一頁分の活字を並べた上に黒いインクを薄く乗せ、半紙を置き、羅紗のような厚い端切れに板を重ねて、丹羽圭介がそっと体重をかけた。そして、板と端切れを取り

除くと、外した半紙に英語の文章が表向きに印刷されていた。

「不思議ねえ」

文字といえば墨書か木版刷りのものしか見たことがなかった八重は、何か騙されているような気がしてならなかった。

刷り上がると、丹羽圭介が、誤りの見つかった個所の活字を差し替えていき、また同じ作業を繰り返した。そんな日々が何日か続いた。最後に目を通したルドルフ・レーマンから、無事完了したことを知らされたとき、八重たちは思わず歓声を上げた。

ルドルフが別に作製していた図版の頁と組み合わせて、それから数日後、見事に刷り上がった『京都案内』ができあがった。《THE GUIDE TO THE CELEBRATED PLACES IN KIYOTO & SURROUNDING PLACES BY K. YAMAMOTO》と表紙に記された、洛中洛外図入りの四十八頁もので、発行者は丹羽圭介となっていた。

第一回博覧会は、明治五（一八七二）年三月から五月にかけて、西本願寺、知恩院、建仁寺で開かれ、他府県の人も含めて三万人がつめかけた。今につづいている芸舞妓の〈都をどり〉も、第一回博覧会の余興として考えられたものである。

旅館やホテルがわりの寺院にはたどたどしい英語の案内板が取り付けられ、外国人も大勢姿を見せた。彼らの手には、いちように一冊のパンフレット〈英文の『京都案内』〉が握られていた。

活字を拾いはしたが、八重には内容を読み取ることができなかった。八重は、英語が分かるようになりたいと痛切に思った。

養蚕を教え、英語を学ぶ

八重の思いが通じたのか、英語を学ぶ機会はすぐにやってきた。

その年の四月十四日、土手町丸太町下る旧九条邸で新英学校及び女紅場《にょこうば》（以下「女紅場」と略す）が開校され、八重も通うことになった。

女紅場跡の碑
（上京区丸太町橋西詰め）

女紅場は華士族の娘に英語や女紅（和洋裁、機織り、書道、手芸、押し絵、礼法など）を教えるために設けられたものであったが、ほどなく庶民の娘たちにも入学がゆるされた。全国初の女学校である。

八重はここで英語を学び、ひょんなことか

ら養蚕や機織りなどを教えることになり、寄宿舎ができると、覚馬の妹ということもあって舎監（権舎長）をまかされるようになっていく。

ルドルフ・レーマンにつづいてドイツ海軍の軍医ランゲック、米人チャールズ・ボードウィン、仏語のレオン・ジュリー、オランダ陸軍の薬剤官ゲールルツ、理化学のドイツ人技術家ワグネル等がやってきた。なかでもワグネルは、染色、写真術、石鹸、薬品、七宝など未発達の分野で京都の工業界を啓発し、博覧会事業の指導にもあずかって力があった。

これらは、だがずっと後のことで、明治四年一月に二條城の北側の旧所司代跡に全国初の京都府中学校が誕生し、つづいて河原町二条の長州藩邸跡に勧業場が設けられたころの京都には、いったん衰微した沈んだ雰囲気がまだまだ色濃く残っていた。

郷里の人々にもあまねく光を

京都府はこの年、女紅場のほか、牧畜場（荒神橋）、集書館（東洞院三条北）、療病院と医学校（粟田口）などの事業を進めた。

覚馬はこののち、明石博高やルドルフ・レーマンたちお雇い外国人などの力を借りて、伏見製作所（製鉄所、宇治川の向島《むかいじま》）、製紙場（桂川の梅津）、織殿、染殿、養蚕場、製革場、製靴場などの殖産興業策を進めていくが、洋学所の門下生だった若手の浜岡光哲、中村栄助、雨森菊太郎、垂水新太郎、田中源太郎、大沢善助らもさまざまな産業振興策にかかわり、のちの京都の政財界、産業界、教育界を支えていくことになる。

これらの施策に共通する特徴は、どの建物、施策にも人材を養成する研修、養成の場が必ず併設され、知識、技術を次の時代に繋いでいく試みがなされていたことである。

太陽暦が採用されたのもこの頃のことで、明治五年十二月三日を明治六年一月一日とすることになった。

明治六（一八七三）年の春、伏見製作所や梅津の製紙場を起工した覚馬は、

「これで、大きな仕事は終わりに近づいたな」

ほっとして胸を撫でおろした。

会津から地の果てのような下北半島へ二千八百戸、およそ一万七千人が移住したと伝えられているが、そこではきわめて凄惨な生活が続いているようだった。南摩綱紀あてに窮状を訴えてきた手紙によると、「日々の食物は稗のみ食用とす。五月に至りて稗と昆布とを臼にて引き、製したるものを過半交へ炊く。実に困窮し、山菜狩に奔走するありさま」であり、栄養失調で倒れる者が続出、家内不和、一家離散が相ついでいるという。つぎの冬の惨いほどの寒さをくぐり抜けられる家族は、果たしてどれだけあるのだろうか。

覚馬は厩舎のように薄暗い、隙間だらけの開拓小屋を瞼に思い描いた。

仙台藩邸の病院を出てから四年あまりのあいだ、がむしゃらに歩いてきたと覚馬は思った。下北半島へ向かった会津の同僚たちの上にも、あまねく光があたるようにと願って、京都の復興にかけてきた四年間だったが、果たしてこれでよかったのか。

長かったようでもあり、あっという間に過ぎ去ってしまったようにも思える。

いつの日か、この四年という歳月が、一条の光となって同僚たちのうえにあまねく降りそそぐことを、覚馬は心から願わずにはいられなかった。

小野組転籍事件

槇村釈放へ東上、奔走する

覚馬が、小野組転籍事件で東京に拘禁された槇村正直の釈放のため、八重に付き添われて上京したのは、その年明治六（一八七三）年の暑い盛りであった。

京都の豪商で新政府の御用商人になっている小野組の当主らが神戸や東京へ本籍を移そうとして、戸長に移籍願を提出したのだが、槇村は当主らを二条城の白洲の荒筵に座らせて尋問、それに対して当主らが提訴したものであった。

戸籍法によると、府知事に移籍を差し止める権限はなかった。京都裁判所は送籍を命じる判決を下したが、長谷知事も槇村大参事も判決を無視し、贖罪金の申し渡しの席にも出頭しようとしなかったため、「拒刑の罪」が追加され、槇村正直が東京に拘禁されてしまったのだ。この件では、事前に大蔵大輔井上馨から、三井八郎右衛門、小野善助に第一国立銀行の開業を許可するのに必要な両人の送籍を依頼してきていた。にもかかわらず、相当の税収減になることを嫌って、槙村は移籍の中止を強要したのである。

非はあきらかに京都府にあった。訴訟に関しては槙村に一分の理もないが、府庁の職員から事業が滞るといわれると、結局東上を引き受けざるを得なかった。

人力車を走らせて四日で横浜へ、横浜からは汽車に乗って品川へ、品川からはまた人力車を雇い、府の出張所がある八丁堀の三井屋敷へ入った。

翌日、覚馬は参議の木戸孝允を尋ね、禁門の変以来のたがいの消息を語りあったあと、槙村の釈放を求めた。木戸の紹介で岩倉具視や江藤新平にも会った。だが、槙村が釈放される感触はつかめなかった。政府の中枢を握っている薩長閥と司法の実権を握っている江藤らとの対立があったからである。

収穫は、司法省に江藤新平を訪ねて庁舎を出ようとしたときに、偶然三浦悋二郎に会ったことである。悋二郎は、新撰組に入って四年目の春、戊辰の役の最中に脱退して、明治三年二月に許されて松代へ帰り、七十石の家禄にあずかったという。名前も佐久間悋《いそし》と改め、廃藩置県後は勝海舟の援助で慶応義塾へ通学し、司法省に判事補として出仕しているそうであった。

「しばらくお待ちください。お渡ししたいものがあるのです」

待っていると、佐久間悋は一冊の書物を手に戻ってきて、覚馬の手に握らせた。

「何だろう……」

「父上の『省諐録《せいけんろく》』です。みなさんに読んでいただきたいと思って、印刷したのです」

「そうか、ありがとう」

覚馬は佐久間象山がしたためた獄中記『省諐録』を押しいただいて、別れを告げた。こののち佐久間恪は、赴任先の松山裁判所時代の明治十年二月、食中毒で急逝する。

東京では、西周にも会った。京都の更雀寺で聞いた『百一新論』の講義録を出版する許可を得るためであった。

「神道一本槍の時代ですからね……」

諦めたほうがよいと西周はいったが、木戸に会った際に、「松菊舎木戸氏蔵書印」を押印したものを出版するという形で、木戸のとりなしで太政官の許可ももらっていることを告げると、西周は覚馬の用意周到さに大いに驚いたようだった。

序文の最後に、覚馬は記名して「縁木求魚」「相應齋」と押印していた。方法を誤れば物事は成就しないという自らの信念を込めて刻印したものであった。

川崎尚之助との再会

覚馬と八重が、司法省に出仕し、六等判事になっている小松済治から情報を得て、浅草に近い鳥越の里に川崎尚之助を訪ねたのも、このときである。もう一度京都で思い切り仕事をしてみてはどうかと話を持ちかけてみたが、米の先物取引をめぐるややこしい裁判沙汰に巻き込まれていることなどは一切伏せて、尚之助は丁重に断った。八重たちを巻き込みたくはなかったのである。

二人が、東京で尚之助に会ったという史料はない。

しかし、四カ月も滞在しているのである。会津の関係者とも会う機会は多かったであろうし、司法省には頻繁に足を運んでいる。むしろ会わなかったと思う方が不自然な気がするが、いかがなものであろうか。

会っていたとしたら、八重は、もう一度二人で暮らすことを希望したであろう。だが、多額の負債を背負わせることになるかも知れないような事態は、尚之助としては絶対に避けなければならないことであった。どうしてだめなのか、八重は執拗に食い下がっただろうが、尚之助は、離縁状を手渡して、冷たく突き放したのではないか——そんなふうに思われてならない。

二人は、懐の金子と京都の連絡先を書いた紙片を上がり框に置いて通りへ出たのではないだろうか。

尚之助が慢性肺炎で亡くなったことが伝えられるのは、二年後のことである。

参考までに書いておくと、この裁判の最終判決は翌明治九年十二月十八日、奇しくも小松済治六等判事によって行われている。米座省三は、私的取引を藩の取引と詐称した罪により懲役二年半（但しすでに拘禁日数超過により即時釈放）、柴太一郎は、米座の詐称や亡き尚之助が開産頭取でないのにそれを黙認し、藩地人民の焦眉の急を救わんとする意図からとはいえ、詐称していることを知りながら奥印《ママ》した罪等により二年の禁獄（但し情状酌量により禁獄百日）であった。（竹内力雄「八重の夫・川崎尚之助の真実」）

いつの間にか十月も末になっていた。どうしたものかと思っているうちに、征韓派と内治優先を唱える閣僚の対立抗争が激化し、政局が急変した。西郷隆盛、江藤新平、板垣退助、後藤象二郎、副島種臣の五参議が辞表を叩きつけて内閣を去ったからである。

この結果、拘禁を解くようにとの特命が岩倉具視から司法省に達せられ、司法大輔福岡孝悌の抗議の辞職を間にはさんで、事態は解決に向けて急速に動き出した。

それから数日後の朝、槙村が刑のかわりに罰金三十円（知事は四十円）を払って釈放されたことを確認した覚馬は、征韓論議の渦巻く東京を後に京都へ向かったのだった。

掟の要らぬ世界へ

宣教師ゴルドンと『天道溯原』

キリスト教プロテスタント教会コングリゲーショナル（会衆）派の宣教師ゴルドンが覚馬を訪ねてきたのは、明治八（一八七五）年の桜が満開のころである。

二年前に、宣布の困難を承知でアメリカン・ボード（外国伝道組織）から日本へ派遣されてきたゴルドンは、第一回博覧会を見学した同僚の宣教師ベリーやギューリックから山本覚馬の名前を聞いていたので、第四回博覧会見学のために入京を許された京都に着くと、うるさくつきまとう警護の役人の目をうまくかすめて、覚馬を訪ねてきたのである。

維新ののち太政官の名前で新しく立て直された〈切支丹邪宗門禁制〉の高札が、外国からの抗議で撤去されたのは明治六（一八七三）年二月、わずか二年前のことだから、布教のために入京した宣教師はゴルドンが最初だといってよかった。むろん明治政府のやり方は、キリスト教を信仰する自由、布教の自由を認めるという宣言を行ったわけではなく、ただ高札を取り除いただけのことだったから、切支丹を邪宗門だと信じこまされている民衆の中へ布教していく仕事は、なかなか容易なことではなかった。

覚馬の前に通されたゴルドンは、覚馬を一目見るなり、その痛々しい姿に瞑目し、頭を垂れて両手を胸の前で組んだ。

「ミスター山本」ゴルドンはやさしい声を震わせていった、「神は、それに、耐えることが、できる者に、しか、十字架を、背負わせることは、なさらない。あなたは、選ばれた方、です。天国は、あなたのもの、です」

なにか異質な、遠い国の言葉をきいているようだったが、覚馬は、ゴルドンの声が心の琴線を静かに奏ではじめるのを感じていた。

ゴルドンは、三冊の本を覚馬の掌に載せた。

「少し、読んでいただけませんか」

と覚馬はいった。ゴルドンは、ゆっくりと読みはじめた。

それは漢訳のキリスト教入門書で、宣教師

覚馬に『天道溯原』を贈ったゴルドン
（同志社社史資料センター蔵）

マーチンの著した『天道溯原』という三巻本であった。北垣宗治訳では英文の原題から『キリスト教の証拠』と訳されている。新聞のほかには、まとまった書物を読んでもらう機会が少ないだけに、耳から入ってくる、まったく異質な発想をもった言葉は、霧が切れて立ちあらわれてくる光景のようなあざやかさで覚馬をとらえた。

「だれもが、主を愛し、隣人を、自らをいとおしむように愛するなら、こまかい掟など、なにも、いりません。主はいっておられる。暗きに座する民は、大いなる光を見、死の地と死の蔭とに座する者に、光のぼれり。汝ら悔い改めよ、天国は近づきたり、と」

掟の必要のない世の中――そうだ、これこそが自分の求めてきたものだ。ゴルドンの言葉は、海綿に吸われる水のようにすとんと胸に落ちた。覚馬は深く頷き、ここには、法律の及ばぬ人の心を、しっかりと導いていく力強い何かがあると思った。

覚馬が深く頷くのを見て、ゴルドンは顔をほころばせた。

ゴルドンが帰っていくと、覚馬はいった。

「しばらく三条木屋町の宿所に留まるそうだ。聖書を教えてもいいといっていたから、八重も行ってみたらどうだ。私は、八重が教わったところを聞いて、時間があったら『天道溯原』を読んでもらおう」

その後、時間を見つけては、八重はゴルドンの宿所に、聖書を習いに通った。『新島八重子回想録』によると、八重は宿所の玄関で靴を磨いている新島襄に初めて会っている。このときは、ゴルドンのボーイが靴を磨いていると思っていたのだが……。

新島襄との出会い

それから数日後、ゴルドンが覚馬の家へ、洋服を着た三十過ぎの新島襄という男を連れて現れた。

「ジョセフ・ニイジマです」

ゴルドンが紹介した。

天保十四（一八四三）年に上州安中藩士の家に生まれた新島は、元治元（一八六四）年、二十一歳のときに函館港から密出国し、アメリカへ渡っていた。懐中にはわずか四両しかなかったが、上海で乗り換えたワイルド・ロバー号の船主アルフュース・ハーディ夫妻との出会いが、新島の人生を大きく変えた。夫妻は裕福で、心あたたかな熱心なクリスチャンであり、皿洗いをしながらアメリカへ辿りついた新島をボストンの自宅に引き取り、カレッジを手初めにアーモスト大学、アンドバー神学校まで出してくれた。

新島は会衆派の教会で洗礼を受け、バーモント州ラットランドで行われたアメリカン・ボードの年次大会で寄せられた五千ドルのカンパをもとに日本のどこかにキリスト教主

新島襄（1880 年、同志社大学蔵）

義の大学をつくるという夢を抱いて、四カ月あまり前の明治七（一八七四）年十一月の末、十年半ぶりに故国の土を踏んでいたのである。

　いったん帰郷した新島襄は、大阪川口与力町のアーモスト大学の同輩ゴルドンの家に仮住まいしながら、たまたま大阪に滞在していることを知った、岩倉遣外使節団で通訳として知り合った木戸孝允に、大阪府への仲介の労をとってもらった。木戸は、長州出身の富豪磯野小右衛門が公園を作る費用として申し出てきた二万円の寄付を、新島襄の学校へ寄付するように説得もしてくれた。

　新島は小躍りして喜んだが、大阪府との交渉は不調に終わった。木戸の紹介で、使節団の一員だった大阪府参事の長州人内海忠勝を通じて知事の渡辺昇のもとへ何度も足を運んだが、いっこうに埒があかなかった。

「外国人宣教師を教師にして、聖書を教えるのは、中央の方針ですからどこへ行かれても同じでしょうが、当府では認めるわけにはいきません」

渡辺知事は長崎大村藩の出身で、前任地の長崎でキリスト教徒を迫害した前歴の持ち主であった。渡辺知事との交渉は暗礁に乗りあげた。

二万円への未練はあったが、大阪に学校を建てるという計画は断念するほかなかった。

まもなく宣教師団の会議がもたれたが、キリスト教主義の大学を作りたい新島襄と、五千ドルで手軽な伝道者の養成機関を作ることが急務だとする宣教師たちとの考えの違いが明らかになってきた。

養成所に加えて、日本の青年の激しい知識欲を満たすだけの学科を備えた大学でなければ、日本ではとても成功しないだろうと考える新島襄の主張は、少数派であった。どうしたものかと思いつつ、新島は、木戸が紹介してくれた権大参事槇村正直に会うために京都にやってきたのであった。

槇村大参事は、博物館用掛として京都府の仕事を手伝ってほしいと伝え、大学の件については顧問の山本覚馬と相談するように勧めた。

「ほほう、キリスト教主義の大学といわれますか。新島さん、あなたは、日本がようやく小学校教育を始めたばかりだということをご存じでしょう」姿は見えないが、意志の強そうな新島襄に、覚馬はいった、「上級の学校といえば、先を歩いている京都でも、欧学舎に三百人あまりが学んでいるに過ぎません」

「それは承知しています。ですが、欧学舎で学んでいる生徒たちも、あと何年かすれば、そこを巣立っていきます。そのとき、彼らは必ずより専門的なことを学ぶことを希望するでしょう。それでも、キリスト教主義の大学を建てるのはむずかしいですか」

覚馬には、新島のいおうとしていること、考えていることはよく分かったが、大きな危惧を口にせざるを得なかった。

「正直に申し上げて、容易ではありません。たとえ中央政府が、そして京都府知事が認めても、仏教の中心地京都には三千五百の寺院と八千人の僧侶がいるうえ、二千五百の神社があり、それぞれに神官がいます。ときには、それらすべてが敵となることも覚悟しなければなりません。わずか六年前に、明治政府の参与横井小楠殿が、キリスト教に好意的であると疑われて暗殺されている土地柄です」

「神に捧げた身ですから、身の危険は少しも恐れていません」

新島はきっぱりといい、少しでも可能性があるのであれば、何とかしてこの京都に私たちの大学を建てたいと考えている旨を述べた。

新島襄は三日にあけず覚馬を訪ねてきたが、回を重ねるにつれて、その困難さがわかってきたのか、京都に大学を建てたいとはいわなくなり、覚馬がゴルドンに感動したと語った『天道溯原』のことを話題にした。

そのとき覚馬が語った内容が、新島のハーディ宛ての手紙に残されている。

その本はわたしにとても有益だった。キリスト教についての多くの疑問を氷解してくれたし、長年わたしを苦しめてきた難問をも解いてくれたのだ。若い頃わたしは何とかして国家につくしたいと思い、そのために兵学の研究にうちこんだ。しかしこれだけではあまりに小さすぎると感じたので、人民のために正道が敷かれることを願って法学に関心を向けた。けれども長い間研究と観察を重ねた末、法律にも限界があることをさとった。法律は障壁を築くことはできても、それは心を入れかえることはできないからだ。心の中の障壁がなくなるとすぐ、ひとは盗んだり、嘘をついたり、殺したりするようになる。法律は悪しき思いを防ぐことができぬ。しかしわたしにも明け方の光がさしてきた。今やわたしには、以前には全くわからないでいた道が見える。これこそ長い間、無意識のうちにわたしが探し求めてきたものなのである。（鏑木路易「『天道溯原』と森中章光先生の「和読」ノートについて」、『「天道溯原」を読む』訳注・森中章光・所収）

覚馬が『天道溯原』という書物から受けた衝撃の大きさが窺える手紙である。

新島が学校のことを話題にしないようになると、不思議なことに、困難さを説きつづけてきた覚馬の胸の中に、新島襄がこの地を去ってしまえば、心の教育を託せそうな人材は二度と現れないのではないか、という思いが湧いてきたのである。

大阪の知事にくらべれば、府政の中心に座っている槙村大参事ははるかに進歩的であり、中央とのパイプも太いし、自分自身も何ほどかの役割を果たせるだろう、そして何よりも、京都は古くから学問を大切にする風潮が支配的な土地柄である。加えて、相国寺門前町には五千八百坪の自分名義の土地があるのだ。

一肌脱ぐときがきたようだ。

「困難なことも多いでしょうが、新島さん、どうすれば建てられるか、一緒に考えましょう」

ある日、覚馬はそんなふうにいった。

新島襄は一瞬驚いたようだったが、固い表情はにわかにゆるみ、口許にははちきれるような微笑が浮かび上がった。

覚馬の思いがけぬひとことで、ぜひとも京都に大学を作ろう——そう決心した新島襄は、明くる日、宣教師団の了解を得るために大阪へ旅立っていった。

同志社結社人

学校用地を譲る

五月下旬、新島襄は、アメリカン・ボードの一週間に及ぶ会議で、首を縦に振ろうとしない宣教師たちを相手に熱心に食い下がっていた。

みんなが疲れ果て、意見が出尽くしたころになって、デビスという宣教師が発言を求めた。

「確かに、ジョセフ・ニイジマのいうとおりです」デビスは青い目を光らせた、「私は去年、小さな伝道者養成所を作りました」

デビスはその養成所で、ギューリックの協力を得て、十二人の青年に教会史、神学、倫理学を教えてきたが、新島がいっているように、もっとしっかりしたカリキュラムで教えないと優秀な青年は去ってしまうのではないかと恐れている、と付け加えた。

ニューヨーク州の貧しい田舎に育ったデビスは、ベロイト大学在学中に義勇軍として

学校設立に熱心だったデビス
（同志社社史資料センター蔵）

北軍に従軍、連隊長まで務め、二十七歳のときに中佐で除隊した。復学後、シカゴ神学校に入り、日本伝道を志すにいたった。来日後、デビスは、神戸や三田《さんだ》で伝道活動を続けていたのである。

宣教師団は、ようやく新島襄の意見に同意した。デビス宣教師をともなった新島がふたたび姿を現したのは、六月七日の午後であった。

二人は、その足で山本覚馬を訪ねてきた。新島はデビスを紹介し、はやる気持ちを抑えながら相談を持ちかけた。

「学校に使えるお金は五千円しかないのですが、学校を作るための用地を買うことはできるでしょうか」

「買う必要はありませんよ、新島さん」

と覚馬は答えた。

新島襄は、デビスと顔を見合わせた。覚馬のいっていることが分からなかったのである。

「御所の北側、相国寺門前町に五千八百坪の私名義の土地があります。ゆくゆくは足りないとしても、当分は間に合うでしょう。遠慮なく使ってください」

と覚馬はいった。夢のような話であった。しかし、体の不自由な覚馬の今後を考えると、無償というわけにはいかない。新島襄は、

「せめて、買われたときの代金だけは支払わせてください」

と懇願するようにいった。

「こういう日もあろうかと思って手に入れておいた土地ですから、ご心配には及びません」

と覚馬はいったが、新島は譲らず、押し問答のすえ、覚馬が購入したときの価格五百両に相当する五百円という低廉な価格で、桑畑になっている広大な土地を譲り受けることになった。

翌日、新島襄とデビスは薩摩屋敷跡へ出向き、幸福感に包まれながら、若葉がまぶしいばかりに輝いている桑畑の中に立ちつくした。ただ、この先に待ち受けている多くの苦難の始まりではあったのだが……。

川崎尚之助の死

東京の小森沢長政から、川崎尚之助が亡くなったことを知らせてきたのは、ちょうど

この頃のことである。

小森沢は、八重たちが滅藩後の一時期身を寄せた内藤新一郎同様、籠城戦の始まる前日まで砲術修行にきていた米沢藩士で、その縁で、尚之助の暮らしを助けてくれていたようであった。奥羽越列藩同盟の結成に中心的な役割を果たした宮島誠一郎の弟で、のちに海軍大書記官になる。

手紙には、枕元にあったという狂歌二首が添えられていた。

このころは金の成る木の綱切れてぶらりと暮す鳥越の里
今日もまだ糧の配りはなかりけり貧すりゃどんの音はすれども

尚之助は、二月七日に病状が悪化して下谷和泉橋通りの東京医学校病院（現東京大学医学部付属病院）に入院し、三月二十日に三十九歳で亡くなっていたのである。葬祭する者もなかったという。

斗南藩士と家族のために米の手配をしようとして詐欺に遭い、藩から切り捨てられながらもその罪科を一身に背負って裁判の渦中に身を置き、後半生を貧窮の中で生きた川崎尚之助に何一つ報いることができなかったことを、覚馬はどう思っていたであろうか。

八重はどう思っていたであろうか。目が不自由だった覚馬は仕方がないにしても、その後の八重は尚之助について語ることも書くことも一切なかった。尚之助の死を知った時期から新島襄と婚約する時期までがわずか四カ月程度しかなかったのだから、八重としては、尚之助のことはそのまま封印するしかなかったのかも知れないが。

したがって、尚之助と八重が、いつ、どこで、どういう理由で別れたのか、いまも明らかではない。米沢を出立して上洛する明治四（一八七一）年秋までは、「川崎尚之助妻」だったので、離別はそれ以降ということになるが、むずかしいのは、尚之助の死によってようやく二人の関係が断たれたとも考えられないことである。

「山本八重」の名前が確認できるのは、尚之助が亡くなる直前の明治八年二月八日付の辞令「山本屋ゑ《ママ》　女紅場権舎長兼機織教導試補申付候事　京都府」と、京都府へ提出した「御暇願」（京都府立総合資料館蔵）である。「大坂へ行きたいので八月四日から三十一日まで女紅場を休ませてほしい」といった内容で、「明治八年七月　女紅場権舎長　山本八重」と署名されている。

尚之助の死によって、米の先物取引をめぐる裁判も、ようやく終焉に向かうことになるが、小森沢長政からの知らせに接して、二人は、会津人以上に会津藩士であろうとした川崎尚之助の冥福を心から祈ったことであろう。

ちなみに川崎尚之助の墓所であるが、牧野登『紙碑・東京の中の會津』によると「浅草区今戸町称福寺」、『川崎尚之助と八重』によると「出石の菩提寺・願生寺」である。

猛反対ののろしの中で

用地は確保できたものの、学校が建てられるまでには、まだ時間が必要であった。まずは開校することが先決だったが、それが容易に進まなかったのだ。

覚馬宅に同居した新島襄は、覚馬の意見を入れて校名を「同志社英学校」とし、〈私塾開業願〉に「明治八年八月四日　上京区三十一区下丸屋町四百一番地　山本覚馬同居新島襄」と記し、その横に「結社人山本覚馬」と連署した。二人は、「山本覚馬同居」の六文字が無言の力を発揮してくれるだろうと考えたのである。併せて、貧しいため外国人教授を雇うことができないので、宣教師の雇い入れを認めてもらいたい旨の〈私塾開業存寄書〉を添えた。

文部大輔田中不二麿が姿を見せたのはその直後のことで、新島が、〈私塾開業願〉を直接提出するために、東京出張中の槇村正直の帰りを待っているときであった。

「何か急なご用でも……」

「いや、あなたを迎えに来たのです」

田中不二麿はこともなげにいって、新島の肩を叩いた。

岩倉使節団の一員で欧米の教育施設の調査を任務とする文部理事官だった田中とは、ヨーロッパで半年以上ものあいだ、通訳を兼ねた助言者として行動をともにした間柄だった。

文部卿が欠員のため文部省の実権を一手に握っている田中は、欧米の教育事情にくわしい新島襄に力を貸してもらいたいと考えて、直接京都へ出向いてきたのである。新島が出仕する条件として、田中は、破格の「文部少輔月給三百円」を示した。米一石十五円のころである。庶民にはとても考えられないような高給であった。

田中は、三日間熱心に通ってきた。日本という大舞台で仕事をしてほしいと懇請された新島の気持ちに一瞬迷いが生じたことは確かだが、最終的に新島の考えは変わらなかった。

「本当にきみはヤソの奴隷だよ」

そういい捨てて、田中は東京へ帰っていった。

新島襄が正式に〈私塾開業願〉を京都府へ提出したのは、八月二十三日である。

槙村は、書類が届く前に田中不二麿文部大輔に直談判することを勧めた。新島は、翌日東京へ発った。

文部省には九鬼隆一がいて、新島の動きを助けてくれた。九鬼は三田藩の家老星野貞軒の次男に生まれ、綾部藩家老九鬼隆周の養子になったが、三田藩主九鬼隆義と親しくしていたデビスから三田の教会で洗礼を受けていた。五年後の明治十三年に文部大輔になる九鬼も、この頃はまだ四等出仕、若手実力者の一人にすぎなかった。

新島襄も三日間、田中のもとへ通った。

「あなたには負けましたよ」

田中はためらいがちに決断を下した。

ほどなく、京都府庁あてに文部省指令文書が届けられた。認可の日付は九月三日で、そこには、〈西教伝道師を私学校に相雇ひ候儀、事実余儀なく相聞へ候につき、許可相成り苦しからず候事〉と書かれ、文部大輔田中不二麿の朱印があざやかに押されていた。はっきりと許可するとは書いていなかったが、〈許可不苦〉の四文字のなかに田中の精いっぱいの好意が読みとれた。

御所の中に、仮校舎を兼ねた新島の仮寓とデビスの住まいとして、荒れ果てた公卿屋敷を何とか用意できたものの、仏教徒たちの猛反対のため京都府の許可は思うように進まなかった。そして、十月十五日に新島が八重と婚約したことが知れると、京都府は十一月十八日、八重に、女紅場の舎監を解雇すると通告してきた。

「もう、あとへは引けませんわね」

心を決めた八重は決然といい、小さくうなずいている新島の手に、府庁からの手紙を乗せた。呼び出し状であった。

新島を待ち受けていた槇村は、厳しい表情で告げた。

聖書という学科を修身学と書き換えること、学校では聖書を教えないという確約書を提出すること、この二つが「開業の条件」だというのである。文部大輔田中不二麿から届いた同趣旨の手紙も見せられた。

やむを得まい、とにかく開校することが先決だ。聖書のことはそのなかで考えるしかない——新島は、怒りに震える手で確約書に署名した。

「ダメ、です。それは、ダメ、です」デビスは思わず顔色を変えた、「バイブルがダメ、だとすると、私は、なんのために、ここへ来たの、ですか。教えてください。教えて、ください」

大きく広げた掌が、怒りで震えている。デビスは神戸へ帰ると言って、飛び出していった。署名したことはやはり間違いだったのか——新島はため息をついた。

デビスは、荷造りを始めた。

いま、デビスに去られるのは痛手だったが、デビスに翻意してくれとは言えなかった。

大勢の宣教師の中で最も深い理解を示してくれたデビスを悲しませるようなことをしてしまったのは、事情がどうであれ、新島自身なのであった。

八重の手を借りて開校の準備がほぼ終わった日の夕刻、背後で足音がした。

ふりかえると、玄関に黒い人影が立っていた。

「どなたでしょうか」

「私です、やはり……」

デビス宣教師の声であった。

新島は立ち上がり、走り寄った。

「やはり、ここに、居ることに、しました」

マールという子供を産んだばかりの妻に旅をさせることは無理だったし、同志社との契約で雇われることになっている以上は自分の身勝手は許されない――そう考え直したので、あなたを訪ねてきたのだと、デビスはいった。

「聖書を、教えられない、悲しさは、消えませんが……」

「それは分かっています。でも、きっと帰ってきてくださると思っていました」

新島は目頭を熱くしながら、デビスを抱きかかえた。

同志社英学校最初の校舎（同志社社史資料センター蔵）

同志社英学校の開校

同志社英学校がようやく開業の日を迎えることができたのは、もう冬がそこまで来ている十一月二十九日のことであった。

自宅でなら聖書を教えるのはかまわないということだったので、開業の日の朝、新島とデビス、覚馬や八重は、すでに洗礼を受けている六人の生徒とともに、空き家になっていた華族高松保実邸を借りた新島の仮寓で、開業の祈祷会を開いた。

のちになってデビスは、〈あの朝、新島が自宅で捧げたあの真剣そのものの、やわらかみのある、涙にぬれた祈りを終生忘れることはできない。すべての者が心から祈った〉と書いたが、内と外を使い分けることを余儀なくされた同志社英学校の不幸な出発を思えば、誰しも真剣に祈らずにはいられなかったのだ。

そのあと、仮校舎に着くと、新島はデビスと覚馬を招き寄せ、三人の手で、門柱に〈官許同志社英学校〉の標札をかかげた。

府庁の役人たちを迎えた開校式が済むと、午後からはさっそく授業がはじめられた。生徒は全部で八人、七人の寄宿生と一人の通学生で、祈祷会に出席した六人が教会員であった。

生徒の数は、年の暮れには二十八人になった。

八重、新島襄と結婚

明けて明治九（一八七六）年一月三日、新島襄と前日に受洗した八重は、デビスの司式のもとに結婚式を挙げた。新島三十二歳、八重は二十九歳になっていた。

八重は、デビス夫人に借りたウェディングドレスがわりの白いワンピースを、太り肉の身につけていた。日本で初めてのキリスト教式の結婚式であった。

式を終えると、二人は、待たせてあった人力車に仲良く並んで乗り込んだ。拍手に見送られて人力車にゆられていく二人を、道行く人たちは物珍しげに見上げた。男女が相乗りする光景など、目にしたことはなかったからである。

春が来る頃には、仏教徒たちの反対運動もようやく下火になり、新島の両親、民治ととみが、体の不自由な姉のみよ、夭折した弟双六のあとつぎである養嗣子の公義を連れて安中から出てきた。

京都の町に秋が来たころ、洋風の瀟洒なレンガ造りの、寄せ棟の第一寮、第二寮——二つの寄宿舎を兼ねた校舎とそれをつなぐ食堂が姿を現した。

結婚当時の新島襄と八重
（同志社社史資料センター蔵）

新島もデビスも初めて名前を聞く、ジェーンズという青年から受け入れ依頼が届いていた熊本洋学校を追われた貧しい身なりの青年たちが、一人、二人と同志社の校庭に姿を見せはじめたのは、ちょうどその頃のことである。のちに熊本バンドと呼ばれる青年たちで、やがて同志社を支えることになる小崎弘道、金森通倫、海老名弾正、横井時雄、山崎為徳、宮川経輝、市原盛宏、浮田和民、森田久万人らであった。

デビスと同じように北軍に身を投じ、奴隷解放のために戦ったのち、熊本洋学校に招かれたジェーンズは、宣教師ではなかったが、キリスト教のほか英語、化学、物理の知識などを教えていた。ところが、思わぬことが起こった。教え子たちが花岡山に集まってキリスト教への入信の誓いを立てたのだ。熊本の町は大騒動になり、聖書は焼かれ、生徒たちは親から棄教を迫られた。中には刀を突き付けられたり、座敷牢に閉じ込められる者まで出る始末で、ほどなく熊本洋学校は閉鎖され、ジェーンズは熊本を追われた。

聖書の教場となった「三十番教室」
（同志社社史資料センター蔵）

京都へやってきた彼らは、やがて新島襄や覚馬の志を継いで、同志社や全国のプロテスタント教会などを支えていくことになる有能な青年たちであった。横井時雄は故横井小楠の長男で、のちにみねの夫となる人物である。将来を嘱望されていた山崎為徳は、新島邸で療養中、残念ながら夭折する。

昔日のおもかげを残すチャペル（上）、彰栄館（左下）、クラーク館（右下）
（同志社社史資料センター蔵）

同志社新校舎の献堂式が行われた九月十八日の朝、

「やっと、この日を迎えられたな」

覚馬は、よくぞ多くの障害を乗り越えてこられたことよと、深い感慨を覚えながら、時栄に助けられて人力車に乗りこんだ。

熊本バンドの抵抗

熊本バンドの連中がやってきた頃、同志社は草創期で、すべてが不十分だった。期待を抱いて京都にやってきた青年たちに、大きな失望をもたらした。

多くの者が同志社を去ろうと考えたが、大阪の英語学校に来ていたジェーンズに諌められて一旦は翻意するのだが、彼らの不満は、夫の裏をないがしろにしているように映る八重に向かった。

少し遅れて同志社にやってきた徳富蘇峰や弟の徳冨蘆花（健次郎）らが、八重の風采が日本ともつかず西洋ともつかず、鵺《ぬえ》のようである、西洋婦人のような大きな飾り付けの帽子をかぶり、和服に靴、帯の上に時計の鎖……――といった八重批判を展開する。

人力車への相乗りは、アメリカで暮らした襄には当たり前だったが、彼らには青天の

覚馬の妹・八重（右）と娘のみね（左）（同志社社史資料センター蔵）

霹靂であったし、人力車に乗り込むとき、襄が「八重さん」と手を差し伸べるのも、当たり前のように「サンキュー、襄」と八重が呼び捨てにして応じるのも、まったく気に入らなかったのである。

基本的には、頭の中だけは進歩的だが、男女七歳にして席を同じゅうせずの儒教的精神に凝り固まった彼らのほうにこそ問題があったのであるが、上洛したころ八重が薩摩、長州嫌いだったように、その底流には会津人八重への反感があったのかも知れない。

京都府会初代議長

一粒の種を播く

熊本神風連の乱、福岡秋月の乱、山口萩の乱など不平士族の叛乱につづいて、翌明治十（一八七七）年二月十五日、ついに西南戦争が始まった。千を越える会津の青年たちが、巡査になって熊本へ向かったと、新聞は書き立てていた。

西南地方の雲ゆきが怪しくなると、政府は徴兵制によって編成された五万の軍隊を出動させたが、これだけでは足りなかった。士族から兵士を募ると徴兵制度の建前が崩れるので、それを恐れた陸軍卿山県有朋は、巡査を募り、武装させて戦線へ赴かせることを考えついた。仇を討ちたいという会津の青年たちの希望と山県の考えが、この点ではぴったりと一致していた。佐川官兵衛も大勢の会津人の巡査を連れて西へ向かったという。佐川は旧藩時代の家老で、気性が激しく鬼官兵衛といわれたが、この西南の役で戦死する。

九州へ向かう道中、何人もの青年たちが覚馬邸を訪れ、薩摩の芋侍に仇を討つまたとない機会だといって去っていった。

止めることはできないだろうがと思いながら、覚馬は西郷軍の戦術について語った。

「もし私が西郷なら、全軍を長崎へ向かわせ、軍艦を奪って軍を二分、一隊は大阪、神戸を抑え、一隊は東上して横浜を制圧させる。いっきょに天下を制する、これが上策だ。つまり敵に時間を稼がせないことが肝要だ。中策は、若干の兵で熊本城に睨みをきかせ、主力は博多、小倉、門司を抑えて山陽道から大阪へ進出するとともに、四国に渡って高知をとり、もって天下を制する方法。下策は、熊本城を落として九州を制圧し、おもむろに東へ進出していく方法だ。下策をとった反乱軍に勝ち目はない。戦はおそらく半年とつづくまい」

青年たちは神妙な表情で聞いていた。

「西郷は必ず敗れる。きみらが命をかけて行くまでもあるまい」覚馬は、青年たちを諌めた、「つまらぬ戦にかかわりあうよりも、もっとほかにやるべきことがいくらでもあるはずだ」

「いや、それは違います」一人の青年が鋭い目を向けていった、「芋征伐をすることこそ、生き残った会津人の最大の仕事です。この日のためにこそ、誰もが食うものも食わ

明治11（1878）年に竣工した同志社女学校最初の専用校舎
（同志社社史資料センター蔵）

ず、野良犬のような生活に歯を食いしばって耐えてきたのです。目が不自由になられたとはいえ、のうのうと京都府顧問を勤めてこられたあなたには、私たちの気持ちなど絶対に理解できないでしょう」

まわりの者が制止したが、覚馬は黙って聞くように合図を送った。薩長政府から食いぶちを与えられてきた覚馬は、確かに野良犬ではなかった。

「しかし、のうのうと生きてきたわけではない」

「では、あなたはご存じですか」青年は針のような言葉を投げた、「会津人に与えられる仕事は俥曳きかよくて巡査。掃きだめのような東京の町で、生きる希望もなく、裏長屋で酒ばかり食らっている落ちぶれ果てた男たちが無数にいる。

彼らの中には、女房に春を売らせている者までいるのです。身も心も破れ果てた彼らに、このたびの西南の役は、生きていてよかったと思わせた。誰も彼もが、この雪辱の日をどんなにか待ち望んでいたのです。それを、あなたはつまらぬ戦だといわれる。命をかけるに値しない戦だと言われる。あなたはもはや会津人ではないのだ」

覚馬は、なぜか反論することができなかった。

また若い命が散っていくのだと思うと、覚馬はむなしい思いがするのだった。

そのころ京都では、槙村正直が府知事に任官していた。地方官としての槙村とともに、禁門の変の大火に加えて、遷都でさびれ果てた古都の復興にかけた七年間であったが、同志社英学校の開業を挟んで、二人の間には隙間風が吹きはじめていた。

舎監をつとめた母・佐久
（同志社社史資料センター蔵）

覚馬は、やがて八重が運営にたずさわり、佐久が舎監を務めることになる同志社女学校の許可、開業を交換条件に、京都府顧問の職を去った。

五月に木戸孝允が死去し、九月に西郷隆盛が自刃、翌十一年五月に大久保利通が暗殺されて、また一つの時代が終わった。

アメリカから女性宣教師スタークウェザーを迎えて、秋に同志社女学校が開校した翌年、明治十二(一八七九)年には、大久保利通の内務卿としての最後の仕事、自由民権運動の矛先をかわすために用意された府県会が始まった。

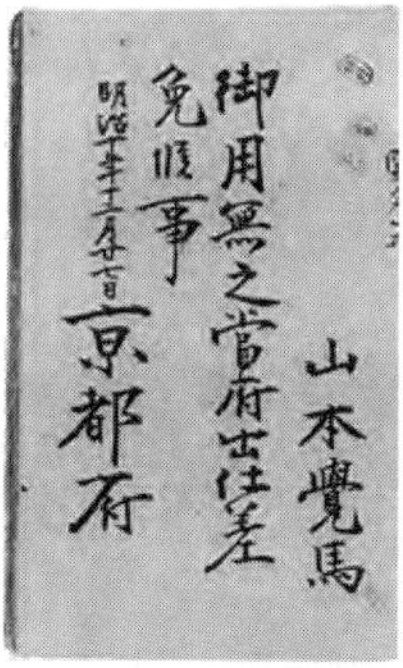

覚馬への免職辞令(京都府立総合資料館蔵)

むろん、制限選挙だった。選挙権は、府内に本籍地のある二十歳以上の男子で、地租を五円以上納めていること、さらに被選挙権は、二十五歳以上で三年以上居住しており、地租を十円以上納めていることが必要であった。

府会議員の定数は、上京、下京と十七の郡それぞれが五名で、計九十五名。被選挙人名簿の中から選挙人が投票する形で、立候補制ではなかった。

このとき上京区では、覚馬に五十一人から投票があり、三位の当選となった。二町歩近くの田畑の地租十円余を納めていたので、被選挙人名簿に名を連ねていることは知っていたが、体が不自由なうえ、同志社にかかわっている自分が当選しようなどとは、覚馬は考えてもいなかった。

そんな自分を区民は府会議員に選んだ――覚馬は久しぶりに感動を覚えた。

初めての府会は、選挙会から数日後の明治十二年三月三十日、京都府中学校の正堂を仮議場にして開かれた。

何をやればよいか分からないが、一粒の種を播こう――そう決心して覚馬は家を出た。

盲目の議長誕生す

第一回府会は、内務省の役人が作った〈開場心得書〉や布令を頼りにしての、誰も議会というものを知らない中での開場であった。

覚馬は、南桑田郡から選出されてきた門人の垂水新太郎に扶けてもらって仮議席に着いたが、はじめて覚馬の姿を見た議員たちは、いちように驚きの声をあげた。京都府に盲目の顧問がいたことを知っている者にも、背負われて議場に入ってくる覚馬の

晩年の覚馬
（同志社社史資料センター蔵）

姿は、なんといっても奇異に映った。

各郡区代表の衆議で愛宕《おたぎ》郡選出の二十九歳の松野新九郎が仮議長に選ばれ、松野はただちに議長、副議長の選出に移った。てきぱきとした対応である。なかなかの人物のようだった。

やがて、松野の声が響いた。

「選挙の結果を報告いたします。投票総数八十八票中、山本覚馬君四十五票、松野新九郎君四十三票――以上のとおりであります。よって山本覚馬君が京都府会初代議長に当選されました」

その途端、傍聴席は騒然とし、覚馬の耳には、議長交替を告げる松野の声が遠くに聞こえた。

松野に代わって議長席に座った覚馬は、おもむろに口を開いた。

「ただいま、選挙の結果、栄誉ある京都府会初代議長に私を選んでいただきました。私は、九年間にわたる京都府顧問時代の経験を有意義に活かして、府民の代議機関である府会の実りある運営のために最大限の努力を傾注する所存であります。しかし、一部の議員から心配の声が上がっておりますように、確かに私は目も見えず、足も不自由でございますので、必要に応じ副議長に代行いたさせます。あらかじめご了承ねがいます」

議場は、水を打ったように静かになった。

「申すまでもなく私どもは、府民の代表としてここに選ばれてまいりましたが、すべての府民を代表しているわけではありません。ここではこれ以上申しあげませんが、どうか声なき声の願いに耳を傾け、そうした人々の暮らしがうまく立ちゆくようご配慮をお願いいたしまして、議長就任のあいさつにかえさせていただきます」

大きな拍手が議場に湧きおこった。

拍手が鎮まると、覚馬は議員を中央に向かい合って整列させた。その列のあいだを、槇村正直知事が国重正文大書記官、谷口孝起少書記官などを従えて入場してきた。槇村知事は提案者席から議員に向かってあいさつし、地方税に伴う案件を付議して退場していった。

第一回府会はこのあと、会期や、覚馬の緊急動議で府会議事細則のうち、大祭日、祝日に加えて日曜日も休会にすることを決め、警察費などに支出される経費を一部修正して、予定どおり終わった。

さして実りある議論が行われたわけではなかったが、覚馬は満足だった。良き地に播けば実を結ぶにちがいない何人かの〈一粒の種〉が、確かに居ることが分かったからである。

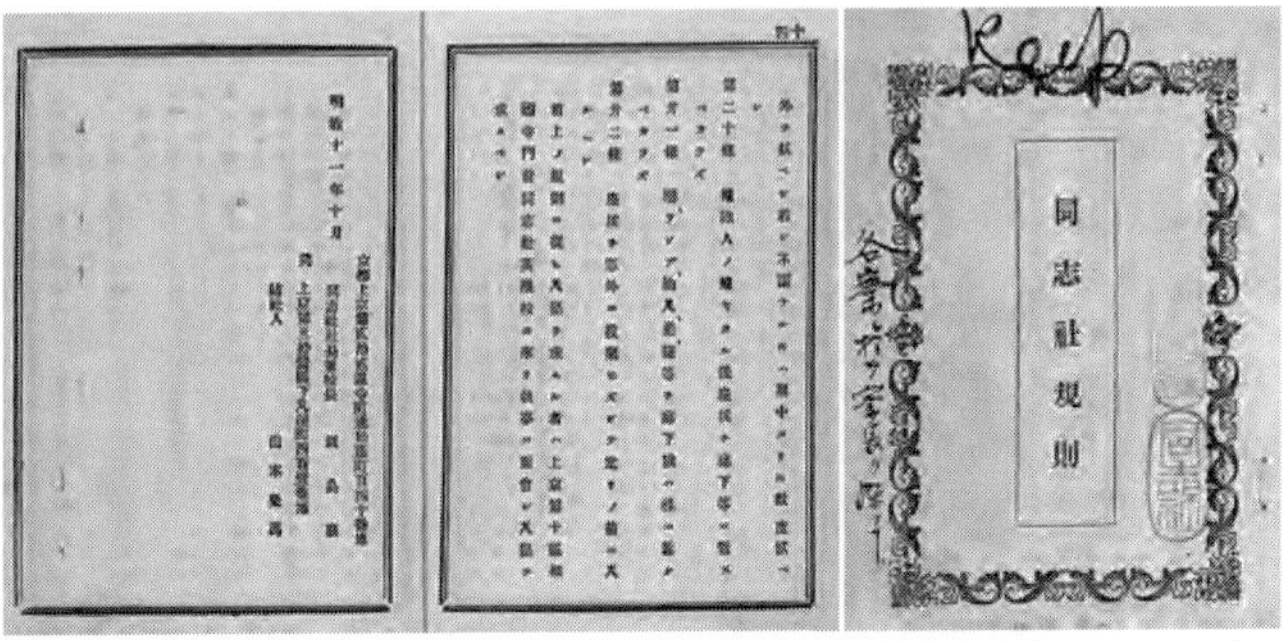
同志社規則

明治十一年十月

新島襄と覚馬の連名で作成された同志社規則（同志社社史資料センター蔵）

最初の卒業生

第一回府会が閉じて一カ月余の六月十二日――同志社英学校の余科は、最初の卒業生十五人を世に送り出した。熊本洋学校の出身者ばかりで、卒業生たちが研鑽を積んできたテーマで二十分ずつの演説を行ったあと、覚馬が自分の半生について語り、はなむけの言葉を贈った。

「……目が見えないということは確かに不自由です。しかし、目が見えないために見えるものがある。物の本質、本当のものといってよいでしょうか。私たち盲人は、目が見えないから、それらが身にまとっている衣裳に惑わされることがないわけです。たとえ衣裳が貧しくとも、美しい心は美しく見えるし、いくら立派な衣裳をまとっていても、よこしまな心はよこしまに見える。あなたがたは目が明いているが、ときには目

会津出身学生と新島夫妻・山本覚馬（1887年頃、同志社社史資料センター蔵）

を閉じて世の中を見てほしい。そうすれば、なにが本物か、なにがニセモノかが分かるだけでなく、あなたがたの描こうとする構想が美しい虹となって闇の中に浮かびあがってくるに違いありません」覚馬は息をついだ、「そして、たまには目を閉じたまま町角に立ち、足を数歩でも踏み出してほしい。盲人の身になったあなたがたに、そのときはじめて、目が見えない痛みとともに盲人が何を必要としているかが分かってくるはずです。これはひとつの例にすぎないが、あなたがたは、どうか、いつ、どこにあっても、不遇な人の友となり、逆境のなかにある人の友となって、立派に生き抜いていただきたい」

それは、覚馬の心からなる願いであった。

新島襄もまた、卒業証書を一人一人に手渡してから、同志社を設立するにいたったいきさつを語り、諸君のうちから人選して、校長の片腕として学校に残ってくれるもの三名を選んでほしいと呼びかけた。

その結果、山崎為徳、森田久万人、市原盛宏の三人が母校の教師として残り、ほかの十二名は、キリスト教の伝道や教育の仕事につくために各地に散らばっていった。

海老名弾正、不破唯次郎、横井時雄、浮田和民、金森通倫、小崎弘道の六名は、それぞれ安中、福岡、今治《いまばり》、天満、岡山、東京の教会へ、宮川経輝と加藤勇次郎は同志社女学校へ、吉田作弥は神戸女学院へ、下村孝太郎は熊本の英学塾へ、そして岡田松生、和田正修の二人は東京の学農社に赴いた。

それはあたかも、春風に乗せて胞子を遠くへ飛ばすたんぽぽの花に似ていた。

海老名弾正
(同志社社史資料センター)

地方税追徴布達事件

翌年の五月、第二回府会が開かれた。伏見区が独立したため、議員定数は百名になっていたが、初日の出席者は六十七名で、無断欠席が少なくなかった。

議長の覚馬は、議員の質を高めなければと考え、無断欠席者を退職させるかどうか議場に諮った。むろん、覚馬にも退職させる考えはなく、議員の立場について議論が深まればよかったのである。

綴喜郡選出の三十歳の西川義延が、無断で休むことは許されないし自覚を促すことは必要だが、府民から選ばれた代表なのだから、軽率にその権利を奪うべきではないと発言し、若手議員たちが熱心に意見のやりとりをした。覚馬はほくそ笑みながら聞いていた。

府会はそのあと、知事の提出する地方税の出納概算表を審議する予定だったが、おかしなことにその議案が用意されていなかった。地方税の予算審議こそ、府県会が設けられたそもそもの出発点だったので、議員が騒ぎ出した。

覚馬は槇村知事に会い、ただちに提案するように求めたが、強権的な知事は、

「府会の指図は受けぬ」

と頑強に拒否し、議会が沸騰すると、会期半ばを過ぎた五月二十四日になって、やっと予算書の提案をおこなった。しかし、その内容は明治十二年度、つまり前年度の決算

書と同じ内容のものであった。何人かの議員は、議案書を机にたたきつけた。

だが、それは序の口であった。

議員の知らないあいだに、しかも開会中の議会に諮ることもなく、概算で定めた明治十二年度の予算が不足したので、地租割、戸数割で追徴するという布達が新聞に掲載されていることが分かったのである。戸数割では清酒四、五升相当の一戸四十二銭弱というところだったが、地租割を加えると相当な額になった。

覚馬は、副議長や総幹事、組幹事と協議し、府会に諮ってから、布達がどの法律に基づいて行われたものか伺いたいとの伺書を知事に提出した。

槇村知事は、〈十二年度府会議決をもって施行候儀と心得べきこと〉と、議員誰ひとりとして納得しないような意味不明の回答を出してきた。

覚馬は、副議長と総幹事三人、伊東熊夫、西川義延、太田一之を呼ぶと、違法な知事にどう対処するか考えるように指示した。伊東は十年後の第一回総選挙で、西川は第二回総選挙で衆議院議員になるだけあって、なかなかの論客だったが、これといった対応策を思いつかないらしく、

「議長、何か有効な方策はありませんか」

と、覚馬に下駄を預けた。松野も太田も、覚馬の案に期待しているようであった。

覚馬はおもむろにいった。

「内務卿に、伺書を提出するというのはどうだろう」

「それはいいですね。やってみましょう」西川義延が興奮した口調でいった、「私が発議します」

再開された府会は、内務卿に伺書を提出することを全会一致で決め、副議長の松野新九郎を含む五人の議員を起草委員に選んだ。そして三日後の十四日、長文の伺書は議決ののち、午前の郵便で松方正義内務卿に差し出された。

伺書には、地方税の追徴には府会の決議が必要で、知事が専断してよいものではない、今回の知事の布達は府会の権限をないがしろにするものなので、至急、電報でご指示いただきたい、といった主旨のことが記されていた。表向きは伺書だったが、その中身は槙村知事弾劾の上申書といえるものであった。

十日が過ぎても、内務卿からの返答はなかった。

覚馬は、このまま返答がないときは代表を東上させると府会で決議し、電報で伝えた。

この一件はたびたび新聞で報じられたこともあって、府会が閉会すると、『愛国志林』の記者だという植木枝盛が覚馬を待ちかまえていた。

「回答の有無も大事だが、私は、多くの新聞や雑誌がこの事件を報道してくれたお陰で、半ば目的は達せられたと思っている」覚馬は笑顔で答えた、「つまり、府民の権利が踏みにじられるかどうかは、いまや京都府だけの問題ではなく、全国的な政治問題になったのだからね」

議会の会期を二度延長した間に、内務省からは〈地方税追徴の儀には、差し出したる伺書は建議と認め、そのまま留置き、指令に及ばず〉という意味不明の返電が一度だけあった。

覚馬はもう一度会期を延長し、地方税で支出する歳出予算の審議は、追徴事件があっただけによりくわしい説明を求め、警察費を大幅に削減して閉会した。

閉会にあたって、覚馬は、議員と傍聴席に、盲目の議長をよく助けていただいた感謝と、議会の権限を拡張するために費やしていただいた多くの時間は豊かな収穫となって議員のみなさんの胸に実っていると確信していると、あいさつを贈った。

府会が閉会すると、槇村は、府会の議決がなくても知事は原案を執行できるという府県会規則の骨抜き条項を盾に、原案を強行した。

南桑田郡出身の垂水新太郎、田中源太郎、石田真平、川勝光之助の四人が、松野新九郎と一緒に覚馬の家にあらわれたのは、八月下旬の日が暮れてからである。

「すぐに府会を開かせてほしいというが、知事の権限だから、それは無理だろう」

「無理ですか」

「それよりいい方法がある」と覚馬はいった、「新聞を利用するんだ。つまり、きみたち四人が南桑田郡なにがし村の人民として、議員ではなくひとりひとりの府民として、知事に伺書を提出する。そして、その写しを各新聞社に送りつけるんだ。そうすれば、知事のたくらみを苦もなく世間に知らせることができるだろう」

垂水新太郎は膝を打ち、すぐにほかの議員とともに伺書の作成にとりかかった。

伺書はただちに知事に提出されたが、たちまち大きな反響を呼んだ。写しを受け取った主だった新聞がいっせいに報じ、京都府への批判を展開したからである。

暗夜を照らす月

五千人の大演説会

十月十六日に開かれた臨時府会で、覚馬は議長を辞任し、後任には松野新九郎が、副議長には西川義延が選ばれた。それを見届けて、覚馬は議員を辞した。

地方税追徴布達事件については、参議の伊藤博文と山田顕義から府庁に直接手紙が届けられたこともあり、槇村知事は布達を取り消す新しい布達を出したあと、改めて府会に追徴の議案を提出することになった。

喧嘩両成敗の形ではあったが、知事に布達を取り消させることができたことは大きな成功であった。結果としては、知事が議会の議決を無視しないと表明したようなものだったからだ。

明けて明治十四（一八八一）年一月、槇村正直は閑職の元老院議官に転出した。代わって、高知県令の北垣国道が第三代京都府知事に就任した。

京都府にも、新しい時代のページが開く時期がきたのである。

覚馬は新島襄と話し合い、知事交代のこの時期をとらえて、四条通に面した劇場北座で、キリスト教の大演説会を開くことを決めた。これまでも寺院などで小さな演説会は開いてきたが、大掛かりな演説会ははじめてであった。

北座での演説会は五月十七日に開催することが決まった。張り紙を貼って歩く仕事は大沢善助が引き受け、全国に散らばっていた卒業生が、準備のために京都へ戻ってきた。どうなるかは誰にも分からなかったが、覚馬たちの心配をよそに、大演説会は二回に分けて夜も行われるという予想外の大盛況になった。のちに同志社社長となる原田助《たすく》はその日の日記に、「四条大芝居場に於て基督教大演説会あり、……聴衆五千人、実に未曾有の盛会なりき」と、感激をこめて書き残した。

覚馬は、同志社がようやく京都の人々に受け入れられたことを知った。六年近くの苦闘の日々は決して無駄ではなかったのだ。同志社女学校を誕生させるために覚馬は京都府顧問の地位を捨てたが、それもいまでは満ち足りた思い出になろうとしていた。

七月になり、同志社女学校を卒業した次女のみねは京都第二公会で横井時雄と結婚式を挙げ、その日のうちに今治へ発っていった。

知事の娘が同志社女学校へ

新島襄と山本覚馬のほか横井時雄、中村栄助、三田時代からデビスに協力してきた松山高吉を社員に加えて陣容を充実した同志社は、新島襄、山本覚馬、中村栄助、浜岡光哲を仮発起人として大学設立の準備を始めるとともに、明治十七（一八八四）年四月には、健康を害している新島を、静養を兼ねて欧米旅行に送り出した。

新島襄の欧米旅行中、覚馬は同志社の校長代理として忙しい毎日を送った。

不平等条約の改正交渉を有利に進めようとして、このころ政府は東京の日比谷に建てた洋館の鹿鳴館を舞台に毎夜のように西洋流の舞踏会を開くとともに、生活習慣の欧化を企てていた。キリスト教に対する風当たりは急変した。外務卿から、外国人に対する非礼、暴行、キリスト教徒に危害を加えることのないように全国府県警察長会議の席で内示が出され、徹底した取締りが行われたからである。

それまで京都では、同志社の教師になっている宣教師のゴルドンが街頭で説教中に乱暴されたり、演説会の妨害はいうに及ばず、学生たちが薪や瓦を投げつけられて重症を負うなどといった事件が、たびたび起こっていた。キリスト教に対する反感、憎悪は、驚くほど根深いものがあったが、外務卿の内示があってからは、知事の北垣国道が娘を

明治19（1886）年当時の同志社のキャンパス（同志社社史資料センター蔵）

同志社女学校へ入学させたことも手伝って、そうした事件はすっかり影をひそめていた。キリスト教に入信する者が相ついだ。ある日、大沢善助がいった。

「校長代理がクリスチャンやないいうのは、なんやおかしおすな」

いわれてみると、そのとおりであった。

神のもとでは人間は平等であるという考え方には、覚馬を魅きつけるものがあった。だからこそこの十数年、彼はキリスト教に身を寄せて生きてきたのである。聖書を焼かれ、親に勘当されて、着のみ着のままで上洛してきた熊本洋学校の生徒たちの強靭な生きざまにも接してきた。そして同志社——迫害の中で節を曲げず、ひとりまたひとりと協力者を生み出しながら京都の地に

八重と女学校初期の生徒たち（同志社社史資料センター蔵）

根を下ろしてきた同志社、この同志社こそがいわば覚馬にとってはキリスト教そのものであった。だから、とくに入信する必要はないと考えてきた。

「私のキリスト教は同志社だというのは、やはり詭弁かね」

覚馬は口を大きくあけて笑い、校長代理になって二度目の卒業式を四十日後に控えた明治十八（一八八五）年五月十七日、京都第二公会で宣教師のグリーンから時榮とともに洗礼を受けた。

八月の下旬、斗南から十七歳の望月興三郎が上洛してきた。これまでにも覚馬は何人かの会津藩士の子弟を受け入れてきたが、今回も入学を希望してきた望月興三郎を、同志社の新学期に間に合うように呼び寄せたのである。興三郎は英学校の三年級に入学を許されて寄宿舎に入り、ときおり覚馬の家を訪ねてきた。興三郎の人柄がよければ、覚馬は久榮の婿養子にしてもよいと考えていた。

訪問先のスイスの山小屋で死と向かい合うような状態になりながら、アメリカで十年ぶりにハーディ夫妻に会い、アメリカン・ボードから大学設立基金五万ドルの寄付を受けて、新島襄が京都へ帰ってきたのは、その年の十二月十七日だった。同志社創立十周年記念会が行われたのは、その翌日である。

覚馬は駕籠で運ばれた壇上から、蘭学を学んだころの苦心談を語った。語りながら彼は林権助や神保修理のことを思い出していた。もう二十年も前のことである。元気だった彼らが死に、盲目の自分が生きていることが、なにか不思議なことのように思えてならなかった。

妻の不祥事と離縁

数日後、時榮が腹痛を起こし、宣教師のベリーに診てもらったところ、妊娠五カ月であることが分かった。覚馬にはおぼえがなかった。

怒鳴りたおし、みじめな思いになり、沈黙に耐えられなくなって、覚馬は、許せるかどうか、自分に訊ねてみた。長い煩悶のすえ、許せると思った。三十半ばといえば、女ざかりである。時榮が過ちを犯したことは確かだが、二十年近くの歳月を目の見えぬ自分のために尽くしてくれたことを思えば、いくら感謝してもしきれるものではなかった。自分が求めさえしなければ、時榮にはもっと別の人生があったかもしれなかったのだ。目が見えぬために、足が立たぬために時榮にかけた苦労を思えば、ひとときの不始末を許すことくらい何でもないと思った。

ところが、話が八重の耳に入り、今治からみねが上洛してくるという大騒ぎになった。八重とみねは、覚馬に、時榮との離縁を迫った。敬虔なクリスチャンである二人には、姦通など絶対に許すことができなかったのに違いない。

覚馬は一時間あまりも黙って聞いていたが、とうとう辛抱しきれずに口を開いた。

「おまえたちはそういうが、イエスは、七度を七十倍するまでわが兄弟の罪を許せといっておられる。キリスト教というのは、おまえたちがいうようにそんなに了見の狭いものなのか。当事者の私が許そうといっているのに、おまえたちには許せないのか」

「許すも許さないも、時榮さんもクリスチャンなのよ」

みねは細い声でいった。結婚して四年半が経ち、みねはすでに女児の母親になっていた。

「今度ばかりは、兄さんだけの問題じゃないのよ」八重は気色ばんでいった、「私には兄嫁、みねにとっては義理ではあっても母親の起こした事件なんですからね。新島や横井さんの手前もあるし、けじめはきっちりとつけてください」

そういわれれば、反論のしようがなかった。覚馬は適当な家を見つけて住まわせてやることを条件に、時榮との離縁に同意するほかなかった。

小正月が過ぎたばかりの寒い朝、時榮は追われるようにして十数年も住みなれた家を出ていった。

その朝いつものように覚馬を起こし、着替えを手伝った時榮は、小さな声で、

「長いあいだ、お世話になりました。どうぞお元気で、お暮らしやしとくりゃす」

とあいさつした。

「おまえもな」覚馬は見えぬ目で時榮を見つめた、「また苦労するかも知れないが、おまえのことだ、心配はすまい。長いあいだほんとうに世話をかけた……」

「そのようなお言葉は、私にはもったいなさすぎます」

「これは当座の金だ、持っていきなさい」

文机の抽出しから札入れを出すと、覚馬は遠慮している時榮に無理矢理持たせせた。

玄関に久榮が立っていた。これからは久榮と会ってはいけない、と八重から釘をささ

れていた時榮は、もう二度と会うことはできないであろう娘をまじまじと見つめた。

「ほなら、お母ちゃん行くわな。堪忍してや久榮。お父さんの世話を頼むえ」

赤い髪をして女学校四年級に通っている久榮は、すでに十五歳になっていた。彼女は唇をかみ、いまにも泣き出しそうな目をして母親を見つめていたが、やがて未練を断ち切るように顔をそむけると、部屋の中へ駆け込んでいった。

佐久は庭に立って、無言で見送っていた。

人力車と、鍋や釜、ひと揃いの寝具などを積み込んだ大八車のそばには、八重が立っていた。

「約束は、守ってくださいね」

時榮は黙って頭を下げ、人力車に乗り込んだ
時榮に適当な家を用意してやりたいと覚馬がいったとき、盗人に追い銭だと最後まで反対したみねは、姿を見せなかった。車夫が白い息を吐き、人力車がゆっくりと動き始めた。

できれば高台寺のあたりに住みたいらしい時榮の希望を察した覚馬は、大沢善助に頼んで小さな家を確保してもらっていた。

八重ひとりが見送るなか、二台の車は河原町通を南下し、やがて豆粒のように小さく

なって四条大橋のほうへ消えていった。

この時榮の懐妊事件は、三十年近くのちに蘆花徳冨健次郎が発表したモデル小説『黒い眼と茶色の目』の中で書いているだけなので、懐妊事件が事実だとは断定できないが、時榮の何らかの「不祥事」でみねが今治から急ぎ上洛し、それが原因で離縁となり、その直後には、覚馬が、当時就任していた京都商工会議所第二代会長の職を辞任するという事態にまでたち至っているだけに、「不祥事」はかなり重大なできごとであった。

作品の発表当時には、まだ生存している関係者もいただろうから、小説とはいえ懐妊事件がまったくの作り話だとしたら、大きな問題になったはずである。本稿では「不祥事」は通説どおり懐妊事件だったとして書きすすめたが、それ以外に覚馬が時榮との離縁を承諾するような原因が思い浮かばなかったからである。

徳冨健次郎（蘆花）

ただ、同志社出身で市井の蘆花研究家丸本志郎は、『憤りを発し老京都蘆花を論ず』の中で、『黒い眼と茶色の目』で蘆花が時榮の姦通相手として描いた久榮の婿養子候補で十八歳の、会津から呼び寄せた同志社英学校生「秋月隆四郎」という人物は、戸籍探索の結果実在しなかったとして、姦通事件そのものを否定している。当時英学校五年生に在学していた望月興三郎という生徒が「実兄五年生の秋月さん」のモデルだとして、戸籍を探索したが、会津若松の実家、材木町十九番地の望月弁次郎の長男興三郎に弟はいなかったという。

弟がこうした事件を起こせば兄も退学するのが普通なのに、望月興三郎は事件のあとも、『同志社文学雑誌』の編集委員など有力な学生のリーダーとして活躍しているので、姦通事件は蘆花のフィクションであり、時榮の産んだ久榮が山本家の家督を相続することになる腹立たしさや、身分をわきまえずに覚馬といっしょに洗礼を受けたことをよしとしない八重とみねに、故なく放り出されたのだという。

事件があったとされる時期からすでに百三十年ちかい歳月が流れているが、この悲しい出来事は、いまにいたるも深い謎に包まれたままである。

のちに見つかった除籍謄本によると、御所に出入りしていたという小田隼人の四女時榮が、覚馬から離縁されてふたたび小田家の戸籍に復帰したのは、明治十九（一八八六）年二月十二日である。その後、「明治二十六年七月十九日、大阪府堺市中之町東二丁五十七番屋敷へ分家」し、堺市南旅籠町西一丁七十二番屋敷に移っていた小田時榮は、明治二十八（一八九五）年二月九日に神戸市山本通五丁目七十七番屋敷へ、養子にもらった兄勝太郎の先妻の子虎次郎とともに転籍していることが知られる。

神戸の山本通五丁目はいまの北野異人館街であるが、小田家では、そのあと時榮はアメリカへ渡ったように伝えられていた。だが、大正十五（一九二六）年の本間重慶からの通信によって、「今は小田時榮女子、（中略）東京市日本橋区新葭東萬河岸一四に現在せらる」（『同志社校友同窓会報』第三号）ということが分かった。どうやら、晩年は東京で暮らしていたようである。

打ち続く縁者の死

デビス邸に設けられた同志社病院で付き添っていた佐久からみねに長男の平馬が生まれたと知らせてきたのは、明治二十（一八八七）年正月二十日のことである。

二年あまり前に長女の悦子を産んだみねは、前年に神学部の教授になった横井時雄にしたがって、時雄の母親で小楠夫人の津世子や今治の教会で預かっていた時雄の従兄弟の徳冨健次郎などとともに京都に戻ってきていた。

みねの産後の肥立ちは思わしくなく、高熱がつづくため、東京へ出張している時雄に電報が打たれた。みねは、時雄が帰り着くのを待っていたように、一月二十七日の夜、二十五歳の生涯を終えた。九歳で生母と生き別れ、若くして逝ったみねを思うと、覚馬はあわれでならず、悲しみが堰を切ったように胸にあふれた。

告別式はその翌日、同志社のチャペルで行われたが、覚馬たち親族が席についた息づまるような一瞬に、久榮に手を引かれた明治十七（一八八四）年七月生まれの二歳の悦子が、「母さまは……」と母親を探す声をあげた。

無邪気な悦子の細い声に会場のあちこちから嗚咽がもれた。

みねは、南禅寺天授庵の墓地に舅の横井小楠と並んで葬られたが、その日、津世子が南禅寺の門前で人力車を降りようとして転げ落ち、脳溢血で寝込んでしまった。横井時雄の家では、同居している徳富健次郎と久榮が津世子の看病にあたった。

みねが亡くなって三日後、新島襄の父親民治が、わずか一日寝込んだだけで忽然とこの世を去った。その夏、八重と同伴の北海道旅行中、新島にとって大恩人であるアルヒュース・ハーディの死が伝えられた。

明治二十年という年は、覚馬には嫌な年だった。津世子の看病で親しくなった健次郎と久榮の婚約の噂が同志社にひろがり、ついに新島襄までが乗り出さなければならなくなってしまったからである。十九歳の健次郎は英学校三年級、十六歳の久榮は女学校の生徒であり、ともに勉学の最中なのに婚約するなどというのは早すぎるというのが、周囲の大人たちの非難であった。

半年あまりの間、お互いに傷をつけあうようなさまざまなできごとがあり、結局二人の仲はならなかった。徳冨健次郎は十二月の半ば同志社英学校を中退し、京都を去っていった。同志社女学校を卒業後、久榮は神戸の英和女学校（のちの神戸女学院）に進んだ。蘆花徳冨健次郎の小説『黒い眼と茶色の目』は、山本家、新島家、横井家をモデルにこの頃のことを書いたものである。現実が反映されているのは間違いないが、どこまでが真実で、どこからが虚構なのかは、よく分からない。

この事件があって、望月興三郎を久榮の婿養子にする話は吹っ飛んでしまった。

みねが亡くなり、横井（伊勢）家には二歳の悦子と生まれたばかりの平馬が残された。相談の結果、二人の保母役を兼ねて、窪田に嫁いでいる姉のうらに住み込んでもらうことになった。『黒い眼と茶色の目』が事実を反映しているとすれば、窪田の姉（小説では「黒田くら」）の息子は覚馬の世話で府庁に職を得ており、孫は同志社女学校一年生の十二歳の娘と男の子がいて、伊勢家に裁縫を習いにきている年増の娘もいた。

その後の悦子の消息は、杳として分からない。

孫でありながら覚馬の養子になった平馬は、丸本志郎の調査によると、大正五、六年頃、なぜか祇園の芸妓置屋で上げ膳据え膳の暮らしをしていて、町方の女性岩間きみとの間に格太郎が生まれた。格太郎（明治四十四年生まれで、元の名は「覚太郎」）は幼くして丹波殿田の山口家に岩間きみからの養育費つきで預けられ、いったん東京へ出たが、長じて京都市の消防署に入り、あちこちの消防署長を勤めて定年退職したという。（『山本覚馬の妻と孫』）

みねの死後、親戚縁者が二人の遺児にどのようにかかわったのかについては、丸本が書き残したもののほかには、残されている史料はない。昭和十九（一九四四）年七月に、平馬が五十七歳で亡くなり、事実とは違うが「山本家の係累が絶えた」と、『同志社九十年史』で報じられているのみである。

新島襄の死

明治二十三（一八九〇）年の正月を迎えたころ、新島襄は大磯の海に近い百足屋という旅館の離れ座敷で病身を横たえていた。

彼はこの数年来、同志社大学を設立するために走りまわっていた。同志社英学校で学び、新島が、生徒の罪科はすべて校長の責任であるとして杖で自らの掌を打ちすえた自責打掌事件のあと、心ならずも同志社を去った民友社主筆の徳富猪一郎（健次郎の兄）が

新島先生臨終図（同志社社史資料センター蔵）

敬愛する新島のために心をこめて〈同志社大学設立の旨意〉を起草してくれたのは、明治二十一年の秋であった。

趣意書は、『国民の友』をはじめ主要な雑誌や新聞に掲載され、募金運動は燎原の火のようにひろがっていった。大隈重信や井上馨といった知名人のほか、名もない農民や商人、婦人など六千人を超える人たちから多くの寄付がよせられた。しかし、十万円の大金を集めることはそう容易なことではなかった。

そんな折り、二回目の欧米旅行で会ったザ・ニューロンドンシティ・ナショナル銀行のハリス頭取から、十万ドルを寄付するという申し出が寄せられた。新島は、将来大学の一部になるハリス理化学校を建設することにし、留学先のジョンズ・ホプキンズ大学大学院から卒業生の下村孝太郎を呼びもどした。

新島襄の体は、だが、限界にきていた。関東方面での募金運動中に腹痛を発症した新島は、日に日に衰弱した。急性腹膜炎であった。

東京から知り合いの医師に来てもらい、言い遺したいことがあるので、危険なときは包み隠さずに告げてほしいと伝えた。

医師は辛そうにいった。

「容態はよくありません。呼びたい方があれば急いでお呼びください」

すぐに徳富猪一郎と小崎弘道、八重に電報が打たれた。

新島は低い声でつぶやいた。

「……一国を維持するは、決して二、三の英雄の力に非ず、実に一国を組織する教育あり、知識あり、品行ある人民の力に拠らざるべからず、これらの人民は一国の良心ともいうべき人々なり。しかしてわれらは即ちこの一国の良心ともいうべき人々を養成せんと欲す。……立憲政体を維持するは、知識あり、品行あり、自ら立ち、自ら治むるの人民たらざれば能わず、果してしからば今日において、この大学を設立するは、実に国家百年の大計に非ざるなきを得んや。……」

それは〈同志社大学設立の旨意〉の一節であった。

三人が揃うと、新島は三十通に及ぶ遺言を伝え、一月二十三日午後二時二十分、波瀾に富んだ四十七歳の生涯を閉じた。

卒業式で不戦を訴える

新島襄が亡くなった年の九月、ハリス理化学校の入学式を、覚馬は臨時総長としてとりおこなった。

鹿鳴館時代が終わりを告げ、教育勅語が発布されて、キリスト教主義学校はふたたび苦難を強いられようとしていた。私立学校の生徒に徴兵猶予の特典が与えられなくなったことも、大きな打撃であった。

明治二十四（一八九一）年六月二十五日——同志社が、明治十二年に予科の第一回卒業生を送り出したときから数えて十三回目の卒業式を迎えた。

卒業生は、修業年限五年の普通学校が四十七人、神学校十六人、女学校五人、同志社病院付設の京都看病婦学校十人、あわせて七十八人であった。

覚馬は壇上から、卒業生と父母ら七百人の聴衆に向かって、つねに貧民の友となることを忘れないでほしいといったあと、語調を強めた。

「よろこびと希望に胸をふくらませて巣立っていかれるあなたがたの姿を、残念ながら私は見ることができません。二十数年前に京都で起きた戦で目に傷を負ったためです。その戦では多くの人がかけがえのない命を失い、二万八千戸もの家が灰になりました。戦が不幸しかもたらさないことを私はだれよりもよく知っているつもりです。……もしも、不幸にしてそういう日がやってきたら、どうか、戦で盲目になった私のことを思い起こしてほしい。そして、聖書のつぎの言葉を胸に思い浮かべていただきたいのです。聖書にはこう述べられている――その剣をうちかえて鋤となし、その槍をうちかえて鎌となし、国は国に向かいて剣をあげず、戦闘のことをふたたびなさざるべし……」

六十四歳十一カ月の苛烈な生涯

明治二十五（一八九二）年十二月二十八日の朝だった。

「なあ、八重、人間は苦しみと友だちになって、はじめて心を深くしていけるのかも知れないね」粥を運んできた八重に、覚馬は少し呂律のまわりにくくなった声でよびかけた。「私は目が見えなくなったおかげで、ありがたいことに、一度きりの人生を二倍にも三倍にも生きたように思うよ……」

八重は聞きかえしたが、覚馬はふたたび口を開こうとはしなかった。

ともしびがふっと掻き消えるように、山本覚馬は、その日の午後一時四十五分、惜しまれながら六十四歳十一カ月の苛烈な生涯を閉じた。

二日後、チャペルで行われた告別式は、門人でもあった中村栄助の司会で、しめやかに行われた。浜岡光哲が覚馬の履歴を読み終わると、校長の小崎弘道がしずかに会衆に語りかけた。

「わが同志社にとって、新島先生が太陽であったといたしますならば、山本覚馬先生は、暗い夜を照らしてくれる月でありました。闇を手探りするようにして道を切り拓いてきたあの苦難の日々、銀色の月の光は煌々と輝いて私たちの行く手をはっきりと指し示してくれたのであります。私たちには見えぬ道も、先生にははっきりと見えていたのです。なぜなら、先生こそまさしく心眼の人だったからであります。失明、脊髄損傷による歩行不能という二重の障害にも負けず、よく苦しみを克服され、立派に心眼を開かれた先生は、

山本覚馬の墓（京都市左京区若王子山）

右から父権八・母佐久・弟三郎、久榮の墓

あらゆる面で闇であった京都に、七色のあざやかな虹をかけてこられました。先生は亡くなられましたが、京都の人々の胸の中に、そして私たちの胸の中に描かれた美しい虹は、金字塔のようにいつまでも輝きつづけるでありましょう……」

覚馬の遺骸はやがて同志社の生徒たちによって担ぎあげられ、長い葬列をしたがえて、新島襄の眠る若王《にゃくおう》子《じ》山の墓地へと向かっていった。覚馬の遺影を胸に寒風のなかを歩いた久榮も、その七カ月後、わずか二十二歳で、覚馬の後を追うようにしてこの世を去った。

同志社が年ごとに大きくなっていくのを楽しみにしていた母の佐久は、さらに三年生きて、明治二十九（一八九六）年五月に八十五歳で亡くなった。母に似て長寿だった八重は、八十六歳六カ月、昭和七（一九三二）年まで生きた。

南禅寺の東方にある若王寺山の同志社墓地には、正

新島襄を中に、左に八重、右にデビスの墓

面にある新島襄の大きな墓碑（勝海舟が揮毫）と並んで左側に八重の小さな墓碑（徳富蘇峰が揮毫）が、右側にデビスの墓碑があり、山本家の墓碑は左手の一角に、右から覚馬、父権八・母佐久・弟三郎、久榮の順に並んでいる。覚馬の墓碑の裏には「友人南摩綱紀追悼揮涙書之」と刻まれていて、南摩綱紀が涙ながらに墓碑銘を書いたことが知られる。

なお、山本家の菩提寺は会津若松市慶山の大龍寺であり、父権八は、ともに会津戊辰戦争最後の激戦で戦死した家老の一ノ瀬要人と並んで、門前町一ノ堰の光明寺に埋葬されている。

今年（平成二十五年）は覚馬没後百二十一年、八重没後八十一年の年に当たる。

あとがき

昭和五十一（一九七六）年の晩秋のことだ。

京都市内の某ホテルで、当時、京都ライトハウスの館長をしておられた胡田村敬男氏の、『ある生きざまの奇跡――人の綴りしわが自叙伝』という珍しい本の出版記念を兼ねた喜寿を祝う会が開かれた。その日、お土産にもらった本がもう一冊あった。『改訂増補 山本覚馬伝』である。

初版の『山本覚馬伝』は、青山霞村という明治時代に活躍した詩人が執筆し、昭和三年に同志社から刊行されている。

『改訂増補 山本覚馬伝』は、初版が手に入りにくくなったことに加えて、文語調の文章を分かりやすく書き直し、意味不詳の部分について杉井六郎同志社大教授が補遺篇を執筆、京都ライトハウスが再刊したものだった。それで、田村敬男氏の本と一緒に土産の袋に入っていたのである。

頁を開けると、当時の蜷川虎三京都府知事の序文が目に飛び込んできた。日付は「一九七六、四、一」――最後の任期となった知事七期目の第三年度初日の執筆である。

蜷川知事は、そこに、「……心眼を開いてよく初心を貫徹し」たと書き、山本覚馬の生涯に高い評価を与えていた。

「心眼」という表現は、そのときの私の気持ちにはピッタリとこなかったが、山本覚馬という人が「失明」「脊髄損傷」の身でありながら、「初期の京都府政に大きな足跡を残」し、京都府会の「初代議長に就任し」て、「新しい日本の夜明けのため」に「初心を貫徹」した人物だったらしいことは分かった。

私は、蜷川知事の序文に引き寄せられる格好で、『改訂増補 山本覚馬伝』を読み始めた。そして、まったく偶然に手にした一冊の本によって、私はそれからの三年間を、一人の、日本近代史の一つの典型ともいうべき人物の生涯を探索する仕事につきあう羽目になったのだった。

歴史の、いわば「影」の部分を、「朝敵」会津人でありながら先駆的に生きた山本覚馬の希有な生涯には、分からないところがあまりにも多く、その探索は困難をきわめたが、知り得たかぎりのことを一つの作品に結晶させたのが、週刊紙「京都民報」に「闇に懸ける虹」のタイトルで一年間連載し、改稿のうえ昭和六十一（一九八六）年に恒文社から上梓した『心眼の人 山本覚馬』である。

それから二十数年、平成二十五（二〇一三）年にはNHKの大河ドラマ「八重の桜」が放映され、新たな史料もいくつか発見された。本稿では、それらの史料をできるだけ活かしながら、最新の山本覚馬像をお示しできるように努めたつもりである。

文中に書いたとおり、それでも「分からない」ところが多く、それらは今後の史料探索を待たなければならない。

『管見』は、鳥羽伏見の戦いの際に薩摩藩に捕らえられた覚馬が、獄中で若い会津藩士に口述筆記させ、新政府に提出した提言書である。

自分にできることは何か――そう考えたとき、覚馬の脳裡に浮かんできたのは、新しい国造りの方向を指し示し、それを実現させることによって、これから苦汁をなめるに違いない同胞たちの上にもあまねく光が当たるようにすることであった。

捕らえられたのが長州藩ではなく、多くの知己がいる薩摩藩であったことは、まだしも幸いであった。覚馬は紙と筆を所望し、口述筆記を進めた。獄中なので、参考にできる書籍は何もない。四歳で唐詩選の五言絶句を暗誦したという抜群の記憶力を頼りに、覚馬は、膨大な数字や土地の名などを、驚くほど正確に口述していった。最初にこの『管見』を目にした西郷隆盛や岩倉具視が驚いたのも無理からぬことであった。

『管見』のすぐれている点は、何といっても二十二項目に及ぶ提言の先見性、具体性であろう。

三権分立論や、資源の乏しい日本は商業を中心に富国強兵を進めるべきだとする商業立国論、人材教育とりわけ女子教育の必要性を述べたあたりは圧巻といってよい。ほかにも、工業の基盤である製鉄、製紙への言及、髪結いの禁止、太陽暦や二十四時制の採用など、いたって合理的な考えが綴られている。

あの時代に、なぜこのような思想を構築することができたのか。

第一は、当時の最高知識（佐久間象山、江川英龍、勝海舟、西周、ボードイン、ハラタマ等々）と交流し、教えを受けたことであろう。

第二に、盲目で脊髄損傷という二重の障害を負いながら、それゆえに心眼を開き、よく物の本質を見極めることができたこと。

第三に、藩意識や恩讐を越えて、日本という国の将来や世界に目を向けることができていたからである。

では、京都や日本の近代化に『管見』はどのような役割を果たしたのか。

覚馬が京都府に迎えられるのは明治三（一八七〇）年四月のことだから、すでに全国のトップを切って市中に六十四もの小学校が建設されていた。明治五年、視察に来た福沢諭吉は、小中学校生徒約一万六千人の男女比が十対八であることに驚いているが、この女子就学率の高さも覚馬の女子教育論に負うところが大きいのではないだろうか。

全国初の中学校（欧学舎併設）や新英学校及び女紅場、遊郭女紅場をはじめ、勧業場や舎密局、博覧会、牧畜場、栽培試験所、養蚕場、製糸場、織殿、染殿、製革場、製靴場、製紙場、製鉄場、駆黴院、療病院、集書館など、全国に先駆けて取り組んだ事業は十指に余る。

施策の実施に当たっては、当時の権力者槙村正直や、化学者で覚馬の片腕となって事業を推進した明石博高、長崎で知り合い、のちに京都へやって来た多くのお雇い外国人たち、洋学所の門下生などが大きな力を発揮した。

そして、新島襄と結社しての同志社の設立、初代府会議長への就任、商工会議所の設立などといった覚馬の業績を継いで、洋学所や府会の門下生たちが、のちの京都や関西の政治、教育、経済界を牽引していくのである。

没後百二十年以上が経ち、山本覚馬の業績を偲ぶものはほとんど残っていないが、京都の復興や明治新政の先導者であった覚馬のことが、妹八重を主人公にした大河ドラマ「八重の桜」の放映を機に、改めて思い起こされてもよいのではないだろうか。

本稿は、畏友新船海三郎氏の勧めにより、歴史雑誌『会津人群像』第十九号（歴史春秋出版）の山本覚馬稿「物語・闇に虹を懸けた生涯」や『歴史物語・新島八重の生涯』（歴史春秋出版）をもとに改稿したものである。東日本大震災にもめげずに奮闘されている歴史春秋出版（会津若松市）の阿部隆一社長には、併せて所有しておられる写真データをも快く提供していただいた。ご厚意に心から感謝申し上げたい。

また、厳しい出版状況のなか、山本覚馬の功績を広く世に広めたいと、本書を上梓していただいた本の泉社の比留川洋社長と、編集のかたわら祈念碑や墓碑を撮影に京都まで来ていただいた新船氏にも厚くお礼申し上げたい。

平成二十五（二〇一三）年初秋

吉村　康

山本覚馬略年譜

一八二八（文政11）〇歳　1月11日、父会津藩士山本権八（砲術指南）、母佐久の長男として西出丸近く、米代四之丁に生まれる。

一八三二（天保3）　四歳　この頃、唐詩選の五言絶句を暗唱する。

一八四五（弘化2）一七歳　11月3日、妹八重生まれる。

一八四九（嘉永2）二一歳　弟三郎生まれる。

一八五一（嘉永4）二三歳　弓馬槍刀の師伝を得、藩主より賞を受ける。

一八五三（　6）二五歳　大砲奉行林権助に随行二度目の江戸遊学、黒船に遭遇、引き続き江川坦庵、佐久間象山、勝海舟に洋式砲術を、大木忠益に蘭学を学ぶ。

一八五四（安政1）二六歳　大木塾で川崎正之助を知る。

一八五六（　3）二八歳　会津に帰り、日新館教授となり、蘭学所を開設する。

一八五七（　4）二九歳　川崎正之助会津へ来る。（樋口）うら（天保8年生まれ）と結婚。守旧派批判により一年間の禁足に処せられる。解除後、軍事取調役大砲頭取に抜擢される。

一八六〇（万延1）三二歳　10月12日、長女夭折する。

一八六二（文久2）三四歳　5月20日、次女みね生まれる。

秋、京都守護職となった藩主に従い、父とともに上洛（年末に京都着。翌年二月着説もある）

一八六三（　3）三五歳　2月、この頃、洋学所を開き、諸藩士に蘭学、英学などを講義する。

8月18日、公武合体派、尊攘派を京より追放する。

11月20日、『守四門両戸之策』を書き、日本の国防について論じる。

一八六四（元治1）三六歳　6月5日、池田屋の変
7月11日、象山、京都木屋町の路上で暗殺される（53歳）。

7月19日、禁門の変に際し、大砲で長州軍を掃討するも、目を負傷したうえ、大火になり市中の三分の一（二十万人分の家屋敷）が消失。これが、不戦の誓い、古都再生の決意につながる。

一八六五（慶応1）三七歳　妹八重、川崎尚之助と結婚する。

一八六六（　2）三八歳　6月7日、第二次長州征伐はじまる。

7月5日、勝海舟から金子を贈られ、佐久間象山の遺児恪二

郎の世話を頼まれる。
7月20日、将軍家茂が急逝する。
勝海舟から西周を紹介され、西洋の教育事情を聞く。
秋、藩命で長崎に赴く。

一八六七（　3）三九歳
12月25日、孝明天皇崩御（36歳）
レーマン・ハルトマン商会にスペンサー銃を発注。小島養生所で蘭医（一等軍医）ボードインに目の治療を受けるも回復せず。5月頃まで長崎に留まる。
この頃、帰京した覚馬の世話をするため、小田時榮が洋学所や宿所へ来はじめたと思われる。
10月14日、徳川慶喜大政奉還
12月9日、王政復古の大号令出される。

一八六八（明治1）四〇歳
1月3日、戊辰戦争始まり、薩摩藩京都藩邸に捕らえられる。
1月5日、弟三郎、淀で負傷し後送の江戸で16日に死去（19歳）
恩師の林権助も後送の船中で没し水葬される（61歳）。
2月13日、神保修理、三田の藩邸で切腹
4月11日、江戸城、無血開城

一八六九（2）四一歳
6月、『管見』を新政府に上申
8月23日、会津藩、籠城戦に入る（〜9月22日）。
9月17日、父権八、城南一ノ堰の激戦で戦死（59歳）
仙台藩邸の病院に入院中、岩倉具視の訪問を受ける。
4月、軍務官に出仕、西洋の兵制などを講義する。
5月21日、日本初の柳池小学校開校
11月、容保の実子容大に斗南藩の立藩が許される。
一八七〇（3）四二歳
3月、産業基立金十万両の下付が決まる。
4月14日、京都府顧問に登用され、勧業政策の立案に従事
この頃明石博高が府の舎密局事業を主管する。
10月、川崎尚之助斗南へ到着し、米の取引にかかわるも詐欺に遇い裁判に訴えられる。
12月、日本初の京都府中学校開校、舎密局できる。

一八七一（4）四三歳
2月、勧業場できる。
後妻時榮との間に久榮生まれる。
7月、廃藩置県
10月下旬、母佐久、妹八重、娘みねが上洛する（うらは離縁を求めて斗南へ向かう。ただし、その後のことは不明）。

権大参事槇村正直に協力して物産取引所、洋式製革場など古都再生の諸施策を展開し始める。

一八七二（5）四四歳
3月、第1回博覧会を開き、英文の『京都案内』を配布
4月、日本初の新英学校及び女紅場を作る。八重、女紅場で養蚕・織物を教え、寄宿舎ができると舎監（権舎長）となる。
11月、府立病院開院

一八七三（6）四五歳
8月、小野組転籍事件で八重と上京し、槇村正直大参事釈放のために奔走する。木戸孝允、西周に会い、『百一新論』出版の了承をとりつける。
この時期に、浅草鳥越にいた川崎尚之助を訪ねたのではないかと思われる。

一八七四（7）四六歳
3月、西周『百一新論』を出版する。
11月末、新島襄、十年半ぶりにアメリカより帰国する。

一八七五（8）四七歳
3月20日、川崎尚之助、東京で病死（39歳）
6月7日、新島襄の訪問を受け、やがて学校用地を譲るにいたる。
8月23日、新島に連署して「私塾開業願」を京都府に提出
10月15日、八重、新島襄と婚約

一八七六（9）四八歳　11月18日、八重、女紅場を解雇される。

11月29日、同志社英学校開校
1月3日、前日受洗した八重、デビス司式のもと新島襄と結婚式をあげる。

12月3日、佐久、みね、洗礼を受ける。

一八七七（10）四九歳　2月15日、西南戦争はじまる（9月24日、西郷隆盛自刃）。

12月27日、京都府顧問を解かれる。

一八七八（11）五〇歳　9月16日、同志社女学校正式に開校、佐久、舎監となる。

一八七九（12）五一歳　3月、京都府会開設、府会議員に当選し、初代議長に選ばれる。

6月12日、同志社第一回卒業式に列席
10月、府会議員、議長を辞任する。

一八八一（14）五三歳　7月、みね、横井時雄（横井小楠の長男）と結婚し今治に向かう。

一八八四（17）五六歳　1月、同志社大学設立発起人に名を連ねる。

4月5日、同志社の校長代理となる。

7月、みねの長女悦子生まれる。

一八八五（18）五七歳　5月、第二代京都商工会議所会長に就任（～11月）

一八八七（20）五九歳
5月17日、時榮とともに洗礼を受ける。
6月、京都府、琵琶湖疎水工事を開始
12月、妻時榮の不祥事発覚（翌年2月12日、離縁）

一八九〇（23）六二歳
1月27日、長男の平馬（20日生まれ）を生んで肥立ちの悪かったみね、死去する（25歳）。平馬を山本家の養子にする。

一八九二（25）六四歳
1月23日、新島襄、大磯で没する（47歳）、同志社臨時総長に就任（〜25年3月）
12月28日午後1時45分、自宅で死去（64歳11カ月）
12月30日、同志社チャペルで葬儀が行われ、新島襄の眠る若王寺山の同志社墓地に葬られる。

一八九三（26）
7月20日、久榮病没（22歳）

一八九六（29）
5月20日、佐久永眠（85歳）

一九一五（大正4）
11月7日、従五位を追贈される。

一九二八（昭和3）
青山霞村編『山本覚馬伝』、同志社より刊行される。

一九二九（4）
1月27日、同志社公会堂で「山本覚馬翁追悼会」が開かれる。

一九三二（7）
6月14日、八重永眠（86歳6カ月）

一九四四（19）
7月、孫で養子の平馬永眠（57歳）

【主な参考文献】

『改訂増補 山本覚馬伝』住谷悦治校閲・青山霞村原著・田村敬男編　昭和51年　京都ライトハウス
「山本覚馬―おぼえがき・人と思想」（『新島研究』）原田久美子　昭和58年　同志社新島研究会
「山本覚馬のこと」（『図書』）鶴見俊輔　昭和52年　岩波書店
「新島襄先生と山本覚馬先生」（『新島研究』）森中章光　昭和57年　同志社新島研究会
『心眼の人 山本覚馬』吉村康　昭和61年　恒文社
「物語・闇に虹を懸けた生涯―心眼の人〈会津びと山本覚馬〉京を駆ける」（『会津人群像』19号）吉村康　平成23年　歴史春秋出版
『闇はわれを阻まず 山本覚馬伝』鈴木由紀子　平成10年　小学館
「特集・山本覚馬会津近代化の先駆者」『歴史読本』平成25年7月号　中経出版
『新島八重子回想録』永澤嘉巳夫編　昭和48年　同志社大学出版部
「男装して会津城に入りたる当時の苦心」（『婦人世界』）新島八重子　明治42年　実業之日本社
『歴史物語・新島八重の生涯』吉村康　平成24年　歴史春秋出版
『川崎尚之助と八重・一途に生きた男の生涯』あさくらゆう　平成24年　知道出版
「八重の夫・川崎尚之助の真実」（『会津人群像』22号）竹内力雄　平成24年　歴史春秋出版
『時を駆ける新島八重』野口信一・小枝弘和　平成24年　歴史春秋出版
「星亨の時代―『星亨伝記資料』編著者・野澤雞一を中心として」田崎公司　昭和64年『歴史評論』第四六八号
『会津鶴ケ城の女たち』阿達義雄　平成5年　歴史春秋出版
『佐久間象山』龍野咲人　昭和50年　新人物往来社

『勝海舟』松浦玲　昭和48年　中公新書
『氷川清話』勝海舟　昭和49年　集英社
『若松市史』若松市役所　昭和49年　名著出版
『京都守護職始末―旧会津藩老臣の手記1・2』山川浩・遠山茂樹校注・金子光晴訳
昭和47・48年　平凡社
『会津鶴ケ城』梁取三義　昭和49年　新人物往来社
『松平容保のすべて』綱淵謙錠編　昭和59年　新人物往来社
『松平容保』北篤　昭和49年　新人物往来社
『西郷頼母の生涯』西郷頼母研究会　昭和52年　牧野出版
『維新前後の会津の人々』相田泰三　昭和42年　会津士魂会
『幕末京都　上・下』明田鉄夫　昭和44年　白川書院
『木戸孝允』大江志乃夫　昭和47年　中公新書
『西郷隆盛』井上清　昭和45年　中公新書
『大久保利通』毛利敏彦　昭和47年　中公新書
『岩倉具視』大久保利謙　昭和48年　中公新書
『日本の名著34　西周・加藤弘之』昭和47年　中央公論社
『坂本龍馬』池田敬正　昭和47年　中公新書
『戊辰戦争』佐々木克　昭和52年　中公新書
『史実 会津白虎隊』早川喜代次　昭和51年　新人物往来社
『私の城下町 会津若松』宮崎十三八　昭和60年　国書刊行会

「永岡慶之助『斗南藩子弟記』解説」綱淵謙錠　昭和51年　文藝春秋
『ある明治人の記録—会津人柴五郎の遺書』石光真人編著　昭和46年　中公新書
『紙碑・東京の中の會津』牧野登　昭和55年　日本経済評論社
『詳解 会津若松城下絵図』野口信一監修　平成23年　歴史春秋出版
『明治文化と明石博高』田中緑紅編著　昭和17年　明石博高翁顕彰会
『新島襄』和田洋一　昭和49年　日本基督教団出版局
『新島襄先生伝』ジェー・デー・デビス　山本美越乃訳　大正13年　警醒社書店
『新島襄書簡集』同志社編　昭和51年　岩波書店
『「天道溯原」を読む』訳注・森中章光　平成8年　かもがわ出版
『お雇い外国人5 教育・宗教』重久篤太郎　昭和43年　鹿島研究所出版会
『お雇い外国人14 地方文化』重久篤太郎　昭和51年　鹿島研究所出版会
『蘆花徳冨健次郎』中野好夫　昭和49年　筑摩書房
『蘆花の青春 その京都時代』河野仁昭　昭和62年　恒文社
『憤りをもって老京都蘆花を論ず』丸本志郎　昭和58年　豊国土地建物
『山本覚馬の妻と孫』丸本志郎　平成4年　まるもと
『同志社百年史』同志社社史史料編集所　昭和54年　同志社
『京都の歴史7 維新の激動』京都市　昭和49年　学藝書林
『京都の歴史8 古都の近代』京都市　昭和50年　学藝書林
『京都府百年の年表』京都府立総合資料館編　昭和46年　京都府
『京都府百年の資料』京都府立総合資料館編　昭和47年　京都府

吉村　康（よしむら　やすし）
１９３９年生まれ。大阪市立大学経済学部卒。著書に『心眼の人　山本覚馬』のほか『高杉晋作』『蜷川虎三の生涯』『定本少年の戦争』『冬の歌碑　松倉米吉の生涯』『春来峠　小説前田純孝』『天橋立青春伝』『新島八重の生涯』など。

闇《やみ》に虹《にじ》をかけた生涯《しょうがい》
山《やま》本《もと》覚《かく》馬《ま》伝《でん》

二〇一三年十一月五日　第一版発行

著　者　吉村　康
発行者　比留川洋
発行所　本の泉社
〒１１３・００３３
東京都文京区本郷二・二五・六
Tel ０３（５８００）８４９４
FAX ０３（５８００）５３５３
印　刷　音羽印刷株式会社
製　本　（株）難波製本

ISBN978-4-7807-1132-5 C0093 Printed in Japan